V. 1503.

31

DIEGO
DE SAGREDO

DE L'ARCHITECTVRE
ANTIQVE, DEMONSTREE PAR
RAISONS TRESFACILES, POVR L'VTILI-
té tant de ceux qui se delectent en Edifices, que des
Architectes, Peintres, Portraieurs, Maçons, &
tous autres qui se seruent de l'Esquierre, Regle &
Compas.

Traduict d'Espagnol en François.

Auec Table des Chapitres contenus audit liure.

EN MOY LA MORT

EN MOY LA VIE.

A PARIS,

Chez DENISE CAVELLAT, au mont
S. Hilaire à l'enseigne du Pelican.

M. DCVIII.

A TRESNOBLE
ET REDOVTE SEIGNEVR
DOM ALPHONSE DE FONSERA,
Archeuefque de Tollere, Primas des
Efpaignes, grand Chancelier de
Caftille : Diego de Sagredo,
humble reuerence.

N OVS deuons beaucoup de grace, Illuftre
Seigneur, à noz predeceffeurs, qui ont tra-
uaillé auec mout grand foing à chercher
les fecrets de nature, & qui aprés les expe-
riences, ont iceux efcript, affin qu'ils paffaf-
fent de main en main, par les generations
futures, pour en faire goufter aux fucceffeurs les fruicts in-
comprehenfibles. Et pource n'eft pas fans caufe que Marc
Vitruue auoit regret de ce que les Roys & grans Seigneurs
faifoient grandes remunerations à leurs capitaines & gens de
guerre, en leur donnant plufieurs richeffes, rentes & franchi-
fes : & n'auoient point fouuenance de ceux qui mettoient par
efcript leurs vaillances, & qui faifoient les regiftres & hiftoi-
res de leurs triüphes, à leur perpetuelle gloire, & pour mieux
gouuerner la chofe publique. En quoy faifant, lefdits pauures

a ij

L'esquierre.   Le compas.

La rigle.

Hiſtoriographes prenoient de grans trauaux, & par
continuelles ſpeculations, acqueroient vieilleſſe, meſſagiere
de mort ſans eſtre recompenſez de nous auoir laiſſé les dele-
ctables œuures, ou nous recreons à preſent nos eſprits,
& qui nous augmentent & eſclarciſſent les ſçauoirs, ou
nous prenons plaiſir, ſans leſquels les entendemens des ſucceſſeurs fuſſent demourez en ſommeil & rude eſtat : car qui
eſt celuy qui pourroit parler de philoſophie, ſans ſoy aider d'A-
riſtote? Ou qui face iugement en aſtrologie ſans Ptoloméе? ny
en medecine ſans Galien ou Hippocrat? Et ainſi des autres
ſçauoirs, ſans les profeſſeurs d'iceux. Or eſt que ie conſidere
(noble Seigneur) que voſtre magnifique courage n'eſt point
ainſi taché, ains au contraire eſtes le plein refuge des gens, qui
cherchent les perfections en ſciences, à cauſe que voſtre incli-
nation eſt totalement addonnée à l'Architecture. Parquoy
pour mieux faire iugement ſur les ouuriers, qui ſont par nous
entretenuz en l'edifice de Salamanque, & que i'eſpere qui ſe
fera au diocèſe de Tollette, i'ay retiré des œuures des antiques
qui ont largement eſcript en la ſcience d'Architecture, ce petit
dialogue. Auquel i'ay mis les meſures que doibuent imiter les
ouuriers, contrefaiſans & ſuyuans le train des edifices Rô-
mains. Par faute duquel ſçauoir, on a cy deuant commis
beaucoup d'erreurs & diſproportions es baſes de pierres, qu'on
employoit auſdicts maiſonnemens & conſtructions. Doncques
ques ie ſupplie voſtre Seigneurie, receuoir ce liuret en telle volunté & amour, que i'ay bonne intention de vous faire ſeruice. Priant ſur ce à noſtre Seigneur, qu'il vous vueille main-
tenir par longues années, & proſperement en ſon ſainct
ſeruice.

RAISON
D'ARCHITECTVRE
ANTIQVE PAR FORME DE
DIALOGVE, AVQVEL SONT INTRODVITS
deux perſonages, dont l'vn eſt ouurier de la grande Egliſe de Tollette, appel
lé TAMPESO, & l'autre eſt vn peinctre nommé PICARD, lequel
vient viſiter Tampeſo qu'il trouue portrayant, & luy dict ainſi.

PICARD.

Chacune fois que ie te viens viſiter, touſiours ie te trouue esbauchant, eſtudiant,
ou portrayant: & vrayement il me ſemble
qu'il te ſeroit bon de prendre quelque fois
recreation. Car comme tu ſçais, grãde con-
tinuation d'eſtude engendre melancholie, & grande mé-
lancholie incite & meine à maladie. A ce moyen Caton
l'anciẽ philoſophe admonneſte, qu'on mette plaiſir & ioye
parmy ſes ſoucis & affaires. TAMPESO. O Picard, ne ſçais
tu pas que la ſentence de Pythagoras contient, que la bonne vie veut auoir exercice & trauail du commencement? à
cauſe, que ſi c'eſt le principal & premier fondement, il s'en
enſuyura honneſteté & vertu. Ainſi quelque choſe que tu
dies du commandement de Caton, ie ne trouue meilleure

vie que de paffer le temps à honnefteté, trauaux , & fpecu-
latiues operations. P ɪ c ᴀ ʀ ᴅ. Ie ne ſçay quel bien tu pourrois dire de trauail, ſinon que ce ſoit bien & delectation de
ſoy laſſer la chair, caſſer les os, & abbreger ſa vie. Tᴀᴍᴘᴇꜱᴏ.
Il pert bien que tu n'as pas veu en la philoſophie de Vola-
terran quelle tourbe de ſages y a, diſans biē & louange de
trauail & eſtude. Meſme le philoſophe Hermoneus, lequel
interrogé qui luy auoit apprins ce qu'il ſçauoit: Il reſpondit que c'eſtoit trauail. Et le poëte Euripides dict à haulte
voix, que les fortunes ſe doibuent cercher auec trauail , &
que trauail eſt pere de gloire. Car ceulx qui penent, ſont
aidez de Dieu. Et oultre ie t'auiſe que trauail ne dommage
point ou afflige les hommes, quand il eſt prins de volunté.
Pource ont dict Menander & Virgile, qu'auec labeurs ſe
parfont toutes choſes. Xenophon afferme, que c'eſt celuy
qui donne appetit de manger, boire & dormir, mais qu'il
ſoit honneſte. Sainct Hieroſme auſſi dict, que ſalaire eſt a-
chepté par labeur. Dauid en chantant de ſa harpe n'en dict
pas moins, quand il profere, Seigneur tu conſideres les labeurs & les douleurs. Ces choſes nous ſont bien confer-
mées par les ſages qui iadis veſquirent. Deſquels y en a-
uoit vn, qui iamais n'auoit ceſſé d'ouyr la diſcipline de So-
crates. Et apres qu'il eut bon ſçauoir en philoſophie, ils'a-
donna par maniere de recreation à iouer de la violle. Et
ainſi qu'il s'exerçoit & qu'il entēdit les riſées d'aucūs moc-
queurs, deſpriſans ſa tardiue entreprinſe, il leur reſpondit,
qu'il iouoit mieux tard que iamais n'auoit faict. Comme
s'il declaraſt que tard peut lon biē apprendre, & en grand
temps acquerir par labeur perfection. Et les antiques vou-

lans exercer chacun, l'auoyent figuré par vne teste de
beuf,qui est beste forte à labeur qu'ils figuroient frequen-
tement es besongnes. PICARD. Ie cognoy que ce-
la t'a meu à marquer les vtilz d'vne teste de bœuf. Et aussi
j'aperçoy, que ton affection t'a tant faict auenturer au trauail, que tu as acquis les vertus & bien que trauail donne,
& qu e mes remonstrances ne te peuuent faire deporter de
l'estude. Or me dis quelle portraicture tu fais icy, elle me
semble estre ordonnée à la mode Romaine. TAMPESO.
C'est vne monstre de sepulture,pour nostre Archeuesque.
PICARD. Il en vauldroit mieux faire vne table d'autel.
Car ce seroit meilleur employ. Ne sçais tu pas combien
sont prohibées les pompes de sepultures, & principalement aux Ecclesiastiques ? qui sçauent que les principaux
capitaines de l'Eglise,à sçauoir sainct Pierre, & sainct Paul,
sainct Gregoire,sainct Hierosme,& autres saincts, ont esté
enterrez sans aornement de sepulture, comme afferment
ceulx qui les ont veuz enterrer. Certes la besongne seroit
plus louable de distribuer aux pauures les deniers que
coustent si curieuses choses : & si tu en veux dire verité,tu
t'accorderas auec moy. TAMPESO. Nous ne pouuons nyer
que iadis l'ó n'eust vsage de sepultures,puis que de present
lon trouue les memoires de plusieurs Prophetes, Prestres,
& Patriarches,comme il se veoit de la sepulture de Dauid,
sumptueusement ouurée. Et outre y furent faicts certains
secrets,esquels lon cacha trois mille liures d'or, qui furent
en uiron trois cens ans apres trouuez par Hircanus,Pontife
des Hebrieux,ainsi qu'escrit Iosephus. Aussi n'estoiét point
prohibées les sepultures par la loy, selon que lon peut en-

tendre, en ce que Ioſeph d'Arimathie, en auoit vn en ſon jardin, ou fut poſé le precieux corps de Ieſus Chriſt. PICARD. Le rebours ſe trouueroit bien par les hiſtoires. Car Cyrus, roy de Perſe, defendit à ſes ſubiects d'enſepulturer ſon corps en or, en argét, ou autre metail, non pas en pierres: Mais ſans moyen il fut mis en terre, eſtimant qu'il n'eſt choſe meilleure que la terre, qui porte tát de bonnes choſes, & produict de ſi nobles creatures. Pareillemét Marcus Emilius ordonna à ſes enfans, qu'on miſt ſon corps aux champs, ſans cercueil ne ſonnure. Voire pour oſter toutes pompes, enioignit qu'on ne deſpendit point plus de dix deniers à ſes obſeques. A ſes raiſons Ciceron fiſt loy, que nul ne fiſt ſepulture qui ne ſe peuſt acheuer en cinq iours. TAMPESO. Les Egyptiens ſont bien contraires à ceux que tu dis. Car il ſe trouue que ce qu'ils gaignoient en la briefueté de leur vie, ilz l'eſpargnoient pour dreſſer leurs ſepultures, ou eſtoiét gardez leurs corps, qui failoiét à touſiours renommée d'iceux. D'illec vint que les Romains reputoiét meilleure la maniere des Mauſoliens, qui pour memoire perpetuelle de leurs capitaines, & gens de renom, leur faiſoient pluſtoſt ſepultures, que ſtatues de metal, diſans, que par neceſsité (qui auec le temps pouuoit ſuruenir) ſe pourroient prendre leſdites ſtatues. Et ont retenu tel nó, depuis que Artemiſia royne de Carie, fiſt vn mout ſumptueux ſepulchre, à ſon mary Mauſolus. Aſcauoir qu'on tenoit pour vne des ſept merueilles du monde, dont depuis les magnifiques ſepultures ſe ſont nommées Mauſolées. Toutesfois ie cognoy que chacun n'eſt pas en cecy de meſme opinion, car aucuns les approuuent, & les autres les defendent

dent. PICARD. Laquelle opinion trouue tu meilleure?
TAMPESO. Ie ne trouue pas grande raison en ceux qui les
blafment, veu qu'elles feruent à decorer edifices & eglifes,
& fi aduifent ceux de mourir qui trop s'affectent au monde, en leur adminiftrant aduis de leur amender. Comme il
fe lit d'Alexandre le grand, qui voyãt le fepulchre d'Achil-
les, fe print à plorer & gemir. Ce que fift pareillemét Cefar,
quand il veid celuy d'Alexandre. Mais que diray ie de toy-
mefme? ne t'ay ie pas trouué maintesfois es monafteres, cõ-
templãt les tombes, auec foupirs, & en lifant les lettres des
fepultures, demourer penfif & trifte? Et fur ce t'en aller lire
la vie des Peres, & des Trefpaffez, dont auois cogneu le
gifte. PICARD. Tu me rememores vne chofe que ie te
confeffe: & certes il n'y a au monde fi defreiglé, que la pre-
fence des fignes de la mort ne rende chãgé & remis. Toutesfois telle affection ne dure gueres, finon tant que la pre-
fence de telle chofe eft continuée: & icelle fubftraicte, nous
retournós a coup à noz premieres couftumes. TAMPESO.
Il eft vray, en cela fommes bien comparables à vne fimple
brebis qui paift, laquelle voyant venir le loup, s'enfuit
au troupeau des autres efpouuetées, & leuant la tefte le re-
garde, iufques à ce qu'il fe foit deftourné: mais aprés qu'elles ne le voyent plus, il ne leur fouuient plus, de leur ênne-
my, qui poffible les efpie, & pour luy ne laiffant point à re-
paiftre comme douãt, fans memoire de leur paour qu'elles
ont n'aguère euë) Mais reuenons à la refponfe que ie requiers eftre faicte par toy, fur le faict des fepultures, à caufe
que la fpeculation de la cõparaifon eft pour les prefcheurs.
PICARD. Tu m'as rendu vaincu par tes allegations, &

suis bié d'accord qu'on en peut faire, sauf toutesfois la sub-
uention qu'on doibt aux pauures de Dieu. Car en faisant
faire icelle ou quelque edifice, lon faict gaigner beaucoup
de pauures ouuriers & gens de peine, qui est mieux em-
ployé que de tenir ses deniers en vne bourse. Mais il me
semble qu'en la besongne ou presentement tu specules, a
plus de mesure Romaine que d'autre: pource pourra il e-
stre original & patron à ceux qui veulent edifier à mode
antique, dont sont maintenant plusieurs qui doubtent, lesquels ne sçauent quelles mesures ils doibuent donner aux
pieces ou ils besongnent. A ceste cause tu pourrois bien satisfaire à leur necessité, voire à moymesmes qui suis l'homme du monde ayant plus d'affection de sçauoir & apprendre quelque chose, mesmes touchant icelles mesures. Ainsi
puis que Dieu m'à icy amené, ie te prie me faire ce plaisir
de me communiquer ton sçauoir sur lesdictes mesures, &
me donner à entendre par quel nombre & raison chascune d'elles se faict: car ie ne sçay personne qui mieux puisse
satisfaire que toy, pource que tu as beaucoup veu & leu.
TAMPESO. Ie ne te puis nier, mon amy Picard, cela
dont tu me prie, à cause de l'amitié qu'auons de pieça, &
vouldrois bien auoir suffisance d'accomplir ce que tu desi-
res. Parquoy ce que i'ay de sçauoir sur ce negoce, ie te diray
voluntairement. Ce portraict icy que tu vois, est faict de
plusieurs parties, dőt les noms sont diuers, à sçauoir plattes
formes, colónes, bases, chapiteaux, arquitraues, frizes, cornixes, frőtispices, & autres diuerses pieces que tu peux icy regarder, desquelles ie diray particulieremét les lōgueurs, largeurs, & autres mesures de leur formatió es propos suyuás.

I. assiettes d'Images.
S. frontispice.
R. tympane.
O. cornixe.
N. frize.
Q. arquitraue.
A chapiteau.

P. colõne.

V. base.

B. pied d'estal.

Cy commencent les mesures Romaines, autrement les mesures Italiennes.

Discours de la proportion de l'homme à la forme & facon du monde, & premier ouurage de Dieu. Chapitre 1.

TAMPESO.

'Est vne resolution bien accordée entre les philosophes, que l'homme est faict d'vne proportion mout accomplie & parfaicte, voire plus que nulle des creatures, après le ciel, lequel tiét la souueraine perfectió. Pour ce est appellé microcosmus, qui vaut autant à dire que le petit monde. Car il n'y a chose en la grande machine du monde, qui ne se trouue representée à l'homme. Doncques les anciens ouuriers, qui voulurent asseoir leur raisons sur l'ordre de côstruire & edifier, ne peurent mieux querir considerations propres, que sur le maisonnemét de Dieu eternel, qui est l'hôme rapportant la vraye figure du grand maisonnemét de ce môde, que ne pouuôs appreheder pour nostre insuffisance. Pour ce s'addonnerét à imiter la proportió de l'homme, ou nature a côstitué speculatiues proportiôs, lesquelles ont esté cachées par medier tiercier, & faisant côparaison de la quátité d'vn membre à l'autre. Desquels ils ont prins pour racine & pour mesure mesurát les autres, la teste, qui est le plus noble & principal mébre. Duquel on a prins dimension pour exposer la forme des bras, iambes, & reste du corps. Et sur ce ont inueté depuis mesures pour dôner auctorité aux reigles faictes sur les ordonnáces des edifices. Car à prédre toutes choses a rigueur les raisons données pour les edifices, n'ont point de contrainte ou necessité que lon ne puisse autremét faire. Mais pour asseoir raison de beauté & aornement il n'est possi-

ble d'enſuiure meilleures & plus contentans l'eſprit, que
celles qui ſont imitatiues de l'homme : auquel n'y a rien à
reprendre ou réformer, en parlant du genre humain. Ainſi
les edifices bien proportionnez ſelon les reigles des anciés
ſont ainſi prochains de la forme de l'homme, comme l'hóme ſe trouue eſtre prochain de la forme & façon du monde, & premier ouurage de Dieu. PICARD. Quelles
proportions donnez vous à l'homme bien comparti &

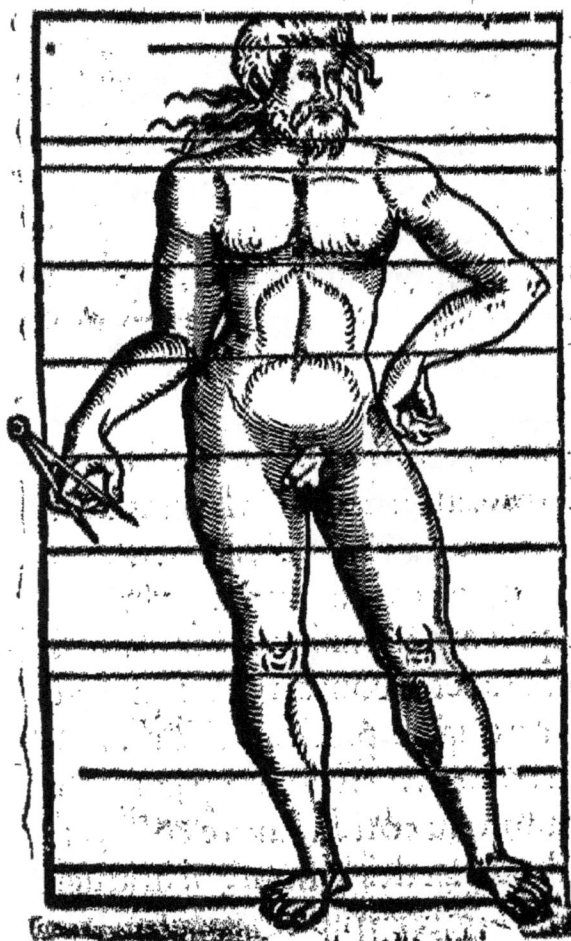

meſuré ? TAMPESO.
L'homme eſt bien pro-
portionné, quand il a
dix fois la longueur de
ſon viſage, ainſi que
dit Vitruue : & ſelon
Pomponius Gauricus,
quand il en a neuf. Ce
qui ſe peut accorder, en
reputant que Pom-
ponius Gauricus n'a
point compté en ſa
proportion la meſure
meſurant. Toutesfois
les modernes maiſtres
dient qu'il doibt auoir
neuf viſages, & vn tiers.
De laquelle opinion
eſt maiſtre Philippe de
Bourgongne, ſingulier

b iij

ouurier d'images. Varron auſſi homme de grande experience en tous les arts mecaniques & liberaux, & non pas
moins introduict en architecture, qui eſt dependant d'i-
celles, lequel a inſtitué les meſures de l'homme en ceſte
ſorte. Premier le viſage de l'homme, des le premier poinct
deſſus le front iuſques au plus bas du menton, qui eſt eſgal
à la longueur de la main, a icelle prédre depuis la ioincture du bras iuſques a l'extremité du doit moyen. Apres diſons que la teſte entiere tient vn viſage, & le tiers d'iceluy:
c'eſt ce qui ſurmonte depuis le front iuſques a la ſommité
de la teſte. Le poictrail contient vn autre viſage: & l'eſto-
mach iuſques au nombril vn autre viſage, du nombril iuſques au membre genital y en a vn autre: & en chacune
cuiſſe s'en y met deux:depuis les cheuilles iuſques a la pláte
des pieds,vn tiers:au tournant des genoux vn tiers: & a l'a-
cheuement du col vn autre tiers : de ſorte qu'en ſomme
toute ſe trouuét neuf viſages vn tiers. Ainſi comme la pre-
ſente figure le monſtre.

Par pluſieurs autres manieres ſe peuuent meſurer les
membres de l'homme,comme auons dict : la hauteur duquel a ſix pieds des ſiens propres, & pareillement a quatre de ſes couldées.Encores diſons que depuis le poinct de
la couronne de la teſte,iuſques au deſſoubs du menton, la
huictieſme partie du corps. De ceſte couronne iuſques au
naiſſement de la gorge, vne quarte partie. De ce meſme
lieu iuſques au plus haut du front, vne ſixieſme partie. De
la largeur de l'homme,à ſcauoir du coſté à l'autre coſté, eſt
la ſixieſme partie de ſa haulteur. Et des le nombril iuſques
aux roignons, la neufieſme. Et notez que ces meſures ne

font pas veritables en l'homme difforme, monftrueux &
mal proportionné.

Ainfi conuient fcauoir que le vifage de l'homme fe forme en vn carré, parti en trois parties efgalles. Du premier
fe forme le front, du fecond fe forme le nez, du tiers la
léure de deffus, iufques au bas du menton, felon ce qu'eft
monftré en la prefente figure. Et fe dict qu'au premier
confifte la fageffe, au fecond l'harmonie, au troifiefme la
bonté. On lit que les ftatuaires & imageurs d'Ægypte,
auoyent telle perfection au fcauoir de fculpture, qu'ils faifoient en diuers lieux, & de
diuerfes pierres, les parties
d'vn feul image : en forte
que d'icelles apportées en
vn lieu & adioutées, l'on
dreffoit vne ftatue de
parfaicte proportion. Et
combien qu'ils n'euffent
communiqué les vns auec
les autres, lefdictes pieces
s'affembloyent fi accordá-
ment, qu'il fembloit que
tout fuft d'vne piece & d'vn
feul artifice, tát elles eftoiét
bié toutes proportionnées
& gardées.

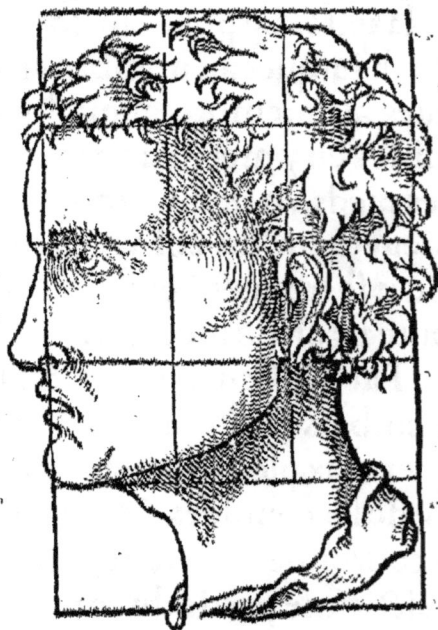

Addition.

Cette proportion eft difconuenante à ce que dict Vitruue : & auffi par calculation d'arithmetique fe cognoift,
que la face ne peut eftre la neufiefme partie du corps, &

que la teste entiere soit la huictiesme d'iceluy. Car neuf visages ont, 2.7. tiers & le tiers abondant font, 2.8. tiers, qu'a
le corps selon ceste raison. Et pour ce que la teste entiere
tient quatre tiers selon ceste doctrine, il s'ensuit qu'il ne
peut auoir que sept restes de long, côme en calculant chacun peut comprendre. Pource que la teste a outre le visage
deux neufiesmes, qui sont deux tiers d'vn tiers de visage.
Pour à quoy paruenir, faictes dix diuisions en vne ligne, &
ce sera la longueur de l'homme, donc les cinq seront diui-
sées en quatre, & l'vne est toute la teste: laquelle mise au visage, monstre ce que dict est.

A quelle raison se meuuent les anciens d'ordonner toutes leurs
mesures sur le rond, & soubz le carré. Et pourquoy cestuy art
est nommé Romain, ou Italien.

Chapitre deuxiesme.

Ntre plusieurs figures cerchées par les
anciens, pour adapter la collation du
corps humain, ils trouuerent qu'il conuenoit mieux à la ronde, & apres à la
carrée. Premier à la ronde: car si vn homme estoit estendu, eslargissant les iam-
bes de son pouuoir, & couchât les bras à la croisée d'icelles,
il se trouueroit que son nombril est le vray centre d'iceluy
rond, en posant le compas dessus, & ouurant l'autre bran-
che dudict compas iusques aux extremitez dudict homme, qui me faict dire que la figure ronde est plus noble &
parfaicte en nature que nulles autres, soit triangulaire, carrée, ou d'autre espece, esquelles nature ne consent point
que

que l’hôme puiſſe ſi bien conuenir qu’en ladicte rondeur.
L’homme ſe trouue auſſi conſonant, quand il eſt conſtitué
en vn carré eſgal de tous les coſtez, faict de la haulteur d’i-
celuy image, en ſorte que l’vn des coſtez touche à la teſte, & l’autre aux piedz, & les deux autres aux doigs de la
main. Et quand lon produict deux diametres de coing, ou
angle à angle, il ſe treuue que le milieu de ladicte ſtatue
eſt au membre genital. Par ainſi leſdictes deux figures rô-
des & carrées, ont eſté les fondeméts prins par les maiſtres
anciens en ceſt art Italique. PICARD. De quelle nation
eſtoient ces antiques, qui ſi diligemmét ont cerché ceſtuy
art? TAMPESO. De Grece. PICARD. Doncques à ceſte
raiſon, il ſe deuſt nommer art de Grece, puis que Grecz
en ſont inuenteurs TAMPESO. La cauſe qui la fait nommer art Italique, ou Romain, c’eſt au téps que les Romains
furent dominateurs de pluſieurs nations, ils trauaillerét de
anoblir leurs citez, de plus notables & ſçauans ouuriers
qu’ils peurent. Et pource qu’ils trouuerét en Grece, & pro-
uince de Macedone, & Achaie, les edifices mout beaux &
de gráde antiquité & durée, procurerét d’auoir le maiſtre
dudict lieu, pour leur dreſſer pareils edifices: & ainſi que ſelon l’vſage de Grece, ils donnaſſent meſures à leurs côſtru-
ctions, pour rédre occaſion à leurs ſucceſſeurs de auſſi bien
ou mieux faire. A ces cauſes leur vindrent tant de famez
maiſtres & bons Architecteurs, qu’ils feirét des edifices de
mout grande admiratió audict art d’Architecture, qui ont
laiſſé belles & grandes marques d’edifice à Rome, ou de
preſent elles apparent. Qui a eſté cauſe que ceux qui ont
eſté depuis, ont eu vergongne de faire pis que paráuant: &

ainfi fe font augmentez leurs affections, à cercher les bons
maiftres, & par confequét, les maiftres ont prins grád courage à fçauoir les mefures de tous traicts, neceffaires en
mouflures & grimaces, qui ont depuis efté diuulguez par
tout le móde, à caufe que diuerfes nations accouroient audict lieu de Rome, lors eftant le chef du monde, & à prefent de la Chreftienté. Et à cefte caufe ont efté renommez
d'eux lefdicts ouurages, & non pas des autres lieux, dont
eftoient les inuenteurs.

Des principes de Geometrie, qui font
neceffaires à cefte fcience.
Chapitre 3.

PVIS qu'on lit de portraicture, dont nous
voulons traicter, il eft neceffaire d'entendre aucuns termes de Geometrie: comme
font lignes, cercles, angles, triangles, ca-
chets, aires, & les autres, il me femble eftre chofe congrue, de mettre la declara-
tion d'iceux, & meilleure exception de noz mefures. La fcience de Geometrie, eft vn des fept ars liberaux, dont ont
befoing tous ouuriers mecaniques. Et s'ils n'ont portion de
telle fcience, ils ne peuuét pas eftre bien refoluz en leur fçauoir. Geometrie eft inftrument, qui mout aide à comprendre toutes les fciences du monde. Pour ce Platon ordonna
eftre efcrit fur la porte de fon efcole, que nul ne fuft fi har-
dy d'entrer, pour ouyr fa difcipline, fi premier il n'auoit in-
ftruction en Geometrie, & Arithmetique. Lefquels font
deux fciences de fi grand accord, qu'elles ne peuuent gue-

res l'vne fans l'autre: car nul n'eft bon geometrien, fans fçauoir compter: & le compte n'eft point bien mis à fon vtili-
té & vfage, fors auec Geometrie. A ce moyen ledict Platon
quelquefois interrogé, ou gifoit la marque de raifon, &
fageffe de l'hóme? Refpódit, que c'eftoit en ce qu'il fçauoit
compter. En ces deux fciences font contenuz grans fecrets,
& fubtilitez. Plutarche racópte à ce propos, que Archime-
des de Syracufe, fift vn engin par art de Geometrie, contre
Marcelin capitaine des Romains, tenant affiegée la cité de
Syracufe en Sicile, auec lequel engin il prenoit les nefs dudict Marcelin, & les efleuoit de l'eaue, mettant icelles en la
cité. Au pareil fe lit d'vn peinctre, qui fut en Grece, natif de
Macedone, lequel s'appelloit E V P O M P V S, ayant efté
maiftre de Appelles. Lequel pour auoir fceu lefdictes fcié-
ces de Geometrie, & Arithmetique, adioufta plufieurs fecrets en l'art de peincture, parquoy il fut nómé le premier
en l'art de peincture. Et fift grans merueilles en fes ouurages, par la fciéce de Perfpectiue, qui eft vne efpece de Geometrie, dont luy fut acquis grand nom, & bruit par toute la
Grece. Et obtindrét fes œuures tel pris, & eftimé, que pour
l'excellence d'iceux, il fut ordonné par les Grecz, que d'ilec
en auant les peinctres auroiét leur admirable fcience com-
prinfe entre les fept ars liberaux, nó pas auec les arcs mecaniques. P I C A R D. Vrayement ie dy donc, que de ce eft
venu que les peinctres font pauures: car pour eftre trop liberaux nous defpédons tout ce que nous auons, ainfi nous
n'auons pas grand profit du priuilege de noz anteceffeurs.
T A M P E S O. Les fciences ne font pas dictes liberales,
de la liberalité que tu entens. Ains elles font nómées pour

ce que iadis nuls hommes de ferue condition n'y eſtoient
introduicts: & n'eſtoit ſouffert qu'autres les ſceuſſent, que
les nobles & gens libres. Et auſſi pour ce qu'elles requie-
rent l'hôme ſans occupation des affaires mondaines,& qui
ſont contraincts à faire œuures mecaniques PICARD.
Qu'eſt-ce que tu appeles beſognes & ſciéces mecaniques?
TAMPESO. Ceux ſont œuures mecaniques,qui trauaillēt
des mains & du corps,plus que de l'entēdemēt, & qui ſont
choſes qui ne ſont pas de ſpeculatiõ ſeule : cõme Orfeures,
Maçons,Charpētiers,Serruriers,& les ſemblables,deſquels
l'art n'eſt pas ſans trauail exterieur. Mais les ars liberaux,
ſont ceux qui trauaillēt ſeulement de l'eſprit, cõme Gram-
mariēs,Logiciens, Rhetoriciens,Arithmeticiens, Geome-
triens,Muſiciens & Aſtronomiés: auec leſquelz ſont com-
pris les Peintres & imageurs, ſoubs le tiltre de Geome-
trie:deſquels l'art fut iadis tāt priſé des antiques, qu'ils n'ōt
point acheué les louanges deuës à vn ſeul dudict art, diſans qu'il ne peut eſtre art plus noble, ne de ſi grande pre-
rogatiue,que de Peincture,qui met deuant les yeux les hiſtoires du temps paſſé, en nous releuāt du labeur de les lire, & trauailler la veuë aprés le liure, pour les rapporter à
memoire. Et auſſi la peincture eſt l'eſcripture des ſimples
gens,qui ne ſcauent pas lire. Et par portraict & ſciéce d'apprendre,lon donne beaucoup à entēdre de choſes aux ouuriers mecaniques, meſmes à ceux qui ſont miniſtres de
l'Architecture.PICARD. Voirement, qu'eſt ce d'Architecture, dont ie t'ay tant ouy parler ? TAMPESO. Archi-
tecton eſt parolle Grecque, qui vaut autant à dire, comme principal fabricateur.Et pour ce les principaux condu-

œteurs & maiſtres des edifices d'importance, ſont dicts ar-
chitecteurs:auſquels(ſelon Vitruue) eſt requis d'eſtre phi-
loſophes,& ſçauans és ars liberaux. Et certes auſsi ils portét
en leur imagination la forme & entiere perfection de l'ouurage qu'on veut faire,lequel ſans leſdictes ſciences lon ne
peut conduire deuement à chef, les commãdemens & or-
donnances deſquels,cõduiſent les mains des ouuriers mecaniques,qui leur ſont ſubmis. Si conuient noter qu'entre
autres ſçauoirs le bon architecteur doibt auoir ladicte ſciê-
ce de Geometrie,dõt eſt eſcript par maincts autheurs, meſ-
mement EVCLIDES, pere de Hippocras, es œuures
duquel ſe trouuent & ont eſté extraictz les principes ſuy-
uants.

LIGNE DROICTE
a————————b Ligne droicte s'appelle, quand
lon faict vn traict, ſans decliner çà ne
là,ains par continuelle procedure,cõ-
me cy eſt,a b.

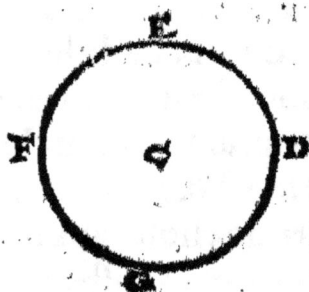

Cercle eſt vne ligne conduicte
par rotundité, ou n'eſt faicte fin ne
commencement, au millieu de laquelle a vn poinct, qu'on appelle cêtre : comme C. qui eſt eſgallement
diſtant de la rondeur dudit cercle,la-
quelle rondeur eſt nommée autrement circonference, ainſi qu'eſt,
D, E, F, G.

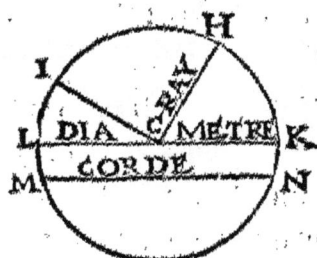

Au rond fe peuuent faire plufieurs
lignes droictes, quand elles viennent
du centre tirant contre la circonference, comme, C, H. & C, I. elles s'appellent ray, ou en latin radius : quand
elles paffent au trauers dudict rond,
le deuifant en deux parties efgalles
ainfi, que K, L. lon l'appelle diametre: mais fi elle touche ladicte circonference fans paffer par le centre, comme M, N.
lors s'appelle corde: & la place, qui eft enfermée entre toutes lignes, eft nommée aire.

Le demy cercle eft ce, qui fepare
par le diametre, comme O, P, Q &
l'aire, qui eft contenue en la cloifon
defdictes lignes, eft dite demie aire
de ront.

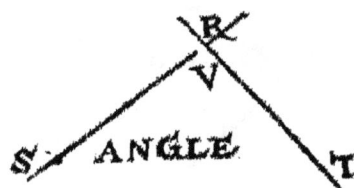

Angle, eft ce que nous appellons
en François vn coing, qui eft le lieu,
ou fe rencontrent, & viennent tou-
cher deux lignes, & tout ce rencon-
tre de deux lignes, font toufioursvn
angle, comme R, S, T, V.

Toutesfois pour la difference d'i-
ceulx lon appelle poincte dehors
angle exterieur, comme eft R. & le
dedans angle interieur, cóme eft V.
Encores lefdicts angles tant exte-
rieurs, qu'interieurs font nómez di-
uerfement auffi angle droict, angle

agu,& angle obtus,ou mouſſe. Angle droict eſt celuy, que vulgairement lon nóme eſcarre , & que les latins nommēt rectangle, ou apres le grec orthogone: lequel angle eſt le moyen d'entre l'agu, & obtus, comme eſt, X, V, Z.

Les angles obtus ſont,quand X & Z ſont plus loing l'vn de l'autre,qu'en angle droict, cóme icy, A,B,C.

Et l'angle agu eſt, quand les deux bouts X & Z ,ſont plus pres l'vn de l'autre , que en angle droict , comme cy ſont, D, E,F.

Triangle,eſt la premiere figure , qui ſe faict de lignes droictes: & eſt ceſte figure faicte de trois lignes , & trois angles, pource eſt il ainſi nommé de la quantité des angles. Il eſt de trois façons de triangles, c'eſt à ſçauoir, orthogone,ambligone, & ozygone. Triágle orthogone eſt, quand il a vn de ſes angles droict,comme eſt h, au triangle G,H,I,

Ambligone eſt celuy,qui a l'vn de ſes trois angles obtus, comme eſt K,L,M.

OBTVS

E

AGV

D   F

H

ORTOGONE

G

K

L AMBLIGONE M

Oxygone eſt quand tous les angles ſont agus, cóme N, O, P.

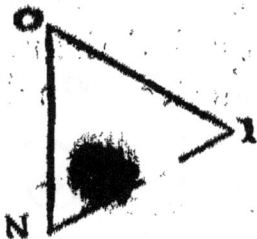

Quarré, eſt figure quia quatre angles droicts, & quatre coſtés eſgaux, comme cy, Q, R, S, T.

QVARRE

Quadrangle, eſt vne figure de quatre angles droicts, qui n'a point les coſtés eſgaux, ains a les deux oppoſites plus grans que les deux autres, cóme V, X, Y, Z.

QVADRANGLE

Ligne diagonale, eſt celle qui diuiſe vn quarré, ou vn quadrágle en deux parties eſgalles, en paſſant d'vn coing à l'autre oppoſite, comme la ligne, R, S.

LIGNE DIAGONALE

Ligne orthogonelle, eſt celle qui faict deux angles droicts, ſur vne autre ligne, ſans decliner d'vne part ne d'autre: & eſt ce meſme, qui eſt dict d'angles droicts, comme A, D. ſur, B, C.

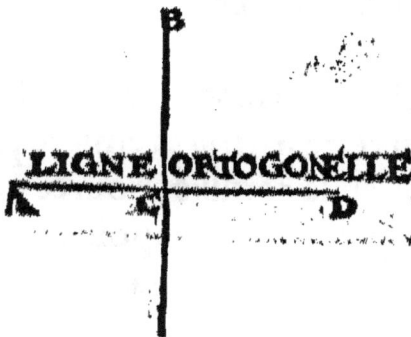

LIGNE ORTOGONELLE

&

& par ainſi quand ladite ligne A, D.
paſſe tout outre, elle cóſtitue quatre
angles droicts, comme icy ſe móſtre.

LIGNE SPIRALLE

Ligne ſpiralle, que les Grecs appellent helica, eſt celle qui va à l'entour
d'vn premier cercle commencé, &
non point acheué: & eſt touſiours
par inuolution, inſi comme eſt vne
coquille de limace.

Axis eſt la ligne qui paſſe par le milieu d'vn corps ſolide ou maſſif, comme eſt en la ſphere, A, B. Toutesfois
l'on préd axis, ou axe, pour vne ligne
perpédiculaire, qui paſſe à l'eſquarre
d'vne autre, qui eſt nommée la ligne
d'eſcripture.

AXE

Comment l'on doibt former la cornixe, & quelles ſont les
moſlures dequoy elle eſt formée.

APres auoir entendu les noms & termes de Geometrie, qui ſeruět en ceſte part: la premiere piece que deuós traſſer, eſt la cornixe, pource que
les moſlures dequoy elle eſt compoſée, ſont

d

communes à toutes les autres pieces d'edifice. Car nul des membres, que voulons cy apres former, ne ſera ſans eſtre garny de cornixe, ou de ſes moſlures. PICARD. Quelle choſe eſt ce que cornixe? TAMPESO. Cornixe s'appelle en latin *corona*, ou *cornices*, qui veut dire coronnemét, ou rameau d'edifice. Et autremét ce rameau s'appelle troict, ou entablement, & le pouuós nómer cornixe, pour ce qu'aux cornes ou coings d'iceluy ſe móſtrent mieux les moſlures, qui y ſont faictes, qu'elles ne font en autre part. PICARD. Il me ſemble que les moſlures des edifices ſont cóme les bordures, & neruures qui ſe font aux veſtemens, dót nous nous habillons. TEMPESO. Ne le cuide pas dire par mocquerie. Car ie te fay bien ſçauoir que la braueté, & gaillardiſe des edifices conſiſtent es moſlures, qu'on employe: ainſi qu'en tó pourpoinct & chamarre les beautés & choſes plus regardées ſont les bordures, & additions de ſoye là miſes. Or doibs tu ſçauoir, que les moſlures qui ſe trouuent, ſont de huict façons, & differences, leſquelles ſe nomment diuerſemét, ſelon les diuers lágages, & pays, ou lon en vſe. Parquoy il nous eſt neceſſaire mettre la figure de chaſcune d'icelles en ſon nom: à fin que les ouuriers, & lecteurs la cognoiſſent par ſon appellation, & l'vſage de la cótrée, ou lon s'en ſert. Doncques les noms ſont guelles, coronnes, bozelz, ou ſelon Vitruue ſont dicts torus, eſchines, ou demy rond, ſcoties, nacelles, gradilles, tallons, carrée, & filets.

Guelles, eſt vne moſlure, que les François appellét doulcine, laquelle tient deux cornes contraires l'vne

GVEVLLE

à l'autre, & reſſemble à la gorge de l'homme, qui fuſt dicte
en Latin *gula* par les anciens, & par les Grecz *ſtoma*

Coronne, eſt autre moſlure principale, & rictilineale, dont la figure eſt carrée, & par le bas cauée. On l'appelle coronne, pour ce qu'antiquement auec
ceſte moſlule on coronnoit tout à lentour les edifices, autrement on l'appelle coronne, pource qu'entre les autres
moſlures elle n'a pas moins d'auctorité ne eminence, que
la coronne ſur la teſte du Roy. Et la caueure dicelle, eſt vne
petite moſlure, qui contient la ſixieſme partie de ſa haulteur, ainſi qu'en ceſte figure apert. Et note, que toute moſlure ſeule s'appelle cymaiſe: & quand il en y a pluſieurs enſemble, elle s'appelle cornixe.

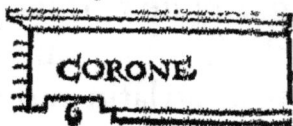

Bozel, qu'autrement lon pourroit
dire boyau, eſt vne moſlure d'vne ligne ronde, laquelle s'appelle par autre nom, rond: de *rudens* vocable Latin, & Vitruue l'appelle *torus*.

Eſcine eſt moſlure, qui a figure
de demy bozel. Ainſi le bozel fendu en deux, cauſe des eſchines.

Scotie, autrement appellée trochile, eſt vne moſlure cauée en rondeur. Et pour ce que la rondeur eſt
interieure, cóme ſi c'eſtoit l'œuure de bozel, il ſe pourroit
dire contrebozel. Car il eſt de telle façó, que telle rondeur
creuſe ne reçoit point de clarté. Les Grecs l'ont nómée ſco-
tia, qui vaut autant à dire qu'obſcur. Aucuns ont voulu dire

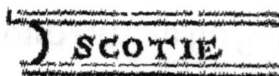

qu'ó la deuoit nómer escorce, pource qu'elle aquasi l'escorce de bozel. Les Fráçois nómét telle moslure, ród, creux, ou
cótrebozel, pource qu'il est cótraire, & au rebours de bozel.

Nacelle, est vne moslure, qui a la façon de demy esorce, ou demy scotia.
Ainsi la scotie, ou contrebozel, fendu
en, deux, faict deux nacelles.

Gradille, est vne autre façon de moslure quarrée, qui ressemble à la coronne excepté qu'elle n'est pas cauée par
dessous. Communement en icelles se
font les dentellettes, qui se mettét aux
cornixes.

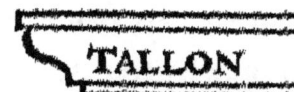

Talon, est autre moslure, ainsi nommée pource qu'elle ressemble au talon
de l'homme, qui en Latin s'appelle talus. Et en a la mesme
maniere, que la gueulle, excepté qu'elle est renuersée : &
semble que telle moslure soit composée de demie eschine,
& demie nacelle. Et se nomme par aucuns ouuriers, doulcine renuersée.

Quarré, n'est pas propremét moslure, ains est vne eschine
du quarré, qui se met és moslures, pour les distinguer & se-
parer l'vne de l'autre : & se peuuét dire corroyes, pourceque
ce sont comme petites corroyes, qui lient icelles moslures.

Filet aussi n'est pas moslure, mais sert
pour augmenter les differéces des moslures, ainsi qu'est a, b.

Auec lesquelles moslures dessus nommees, & auec leur
changement, se peuuent former tous embassemens que
vouldrez, & composer tous entablemens, & pareillement

toutes fortes de cornixes, que l'on trouue en tous edifices.
Et foit noté, que toute moflure qui n'eft pas rectilinaire,
c'eft à dire de ligne droicte, fe peut compofer de feule efchine, & nacelle.

L'ordre qui fe doit garder en compofition de ces moflures pour former aucune cornixe, eft que la moflure haute
faille plus que celle d'embas, de toute la groffeur qu'elle
tient. Et eft cefte reigle fi generale, pour toutes moflures,
lefquelles doiuent toufiours auoir autant de faillie, comme elles ont de hauteur.

Les anciens voulans fairë les moflures de la cornixe, auec
quelque forme de raifon, ordonnerët icelle, feló la proportion que nature a mife au vifage de l'homme, en mettant
cinq quarrés en cinq lieux notables de la face humaine.

A fçauoir le premier fur le front.
Le fecond fur les yeux.
Le tiers au bout du nez.
Le quart à la fente de la bouche.
Et le cinquiefme au deffoubs du menton.

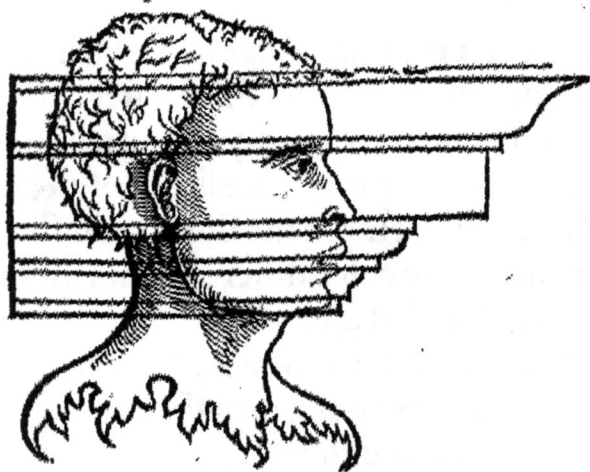

Le premier failloit
plus que le fecond,
d'autant comme y
a d'efpace de l'vn à
l'autre.

Le fecond plus que
le tiers d'autant auffi
qu'il eft large.

Le tiers plus que
le quart, à mefme

d iij

raifon. Et le quart auffi plus que le cinquiefme : en forte
que le premier failloit plus que le cinquiefme, d'autât qu'il
y a diftance entre le premier & le cinquiefme.

En ces quatre interualles, qui font diftingués de cinq
quarrés, formoiét les anciens quatre principales moflures:
A fçauoir fur le front vne gueulle, fur le nez vne coróne, fur
la bouche vn torus, ou bozel , & fur le menton faifoient vn
gradille, ou talon.

Apres auoir trouué & formé les moflures auant dictes,
nos peres inuenterét d'y approprier diuers ouurages, pour
paruenir a meilleure elegance, & gente façon: & feirent en
chacune, les ouurages confonans aux parties, combien que
c'eft au plaifir des ouuriers d'y affeoir tels ouurages, qu'ils
voudroient, pour-
ueu, qu'on garde
la grace, & côten-
tement de l'œil,
auec les chofes ,
que la fcience de-
mande , en em-
ployât les façons
au mieux, que la
coronne fera de proportion, comme il eft icy monftré par
la figure.

Les antiques nommerent telles œuures aornemens Corinthiens, pour ce que ceux de Corinthe furét premiers inuenteurs de tels aornemens, & embelliffement.

Plufieurs ont voulu dire, que les differences , qui fe font
és moflures, ont efté trouuees des caracteres des lettres At-

tiques : à sçauoir, la gueulle & le talon, de la lettre S. La coronne, & gradille furent extraictes de la lettre L. Et outre
la scotie ou torus, de C. Et ainsi par imagination, des autres
caracteres.

De la forme & mesure, que doiuent auoir les colonnes, & de
leur premiere origine, & inuention. Chap. 4.

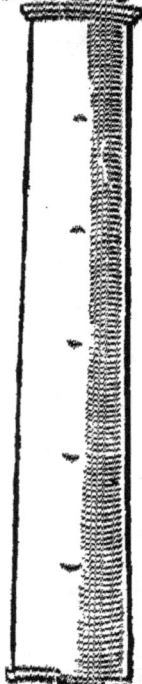

L est à sçauoir, qu'il y a cinq genres de colónes de
l'ancienne façon. C'est à sçauoir, Doriques, Ioniques, Tuscanes, Corinthes & Attiques. Les Doriques sont dictes de Doreon Roy de Grece, duquel y a vn peuple nommé Dores, qui furent les premiers
edificateurs du temple. Et fut leur premier temple faict en
la cité d'Argos, & depuis s'en firêt moult d'autres en la cité d'Achaie. Mais ils n'y mirent
point de colonnes, à cause qu'alors il ne sça-
uoiêt point cóme on les deuoit former. Quelque temps aprés les Ioniens, qui habitoient en
la cité de Cara, laquelle fut dicte Ionie, à cause du capitaine Iones, qui la conquist, voulurent faire vn temple à la façon de ceux de la
terre d'Achaie, à fin de la consacrer à Apollo.
Et quand vint à y mettre des colonnes, les
maistres des edifices, qui ne sçauoient, quelle proportion ils deuoient donner à icelles,
s'aduiserent de les former à la proportion de
l'homme, laquelle ils trouuerent auoir six fois
la longueur de son pied en sa hauteur, & à ceste raison instituerent, qu'ils feroient les co-

DORIQVES

Ionnes, six fois aussi haultes, quelles estoint grosses, si furent les colonnes de telles façons appellées Doriques. PICARD. Plustost les deuoit on appeller Ioniques, puis que les Ioniens en estoient inuenteurs. TAMPESO. Mais on fonda leurs noms pour ce qu'elles estoient trouuées, pour mettre au temple des imitateus des Doriques. Car le temple des Ioniens portoit le nom des inuenteurs.

IONIQVE

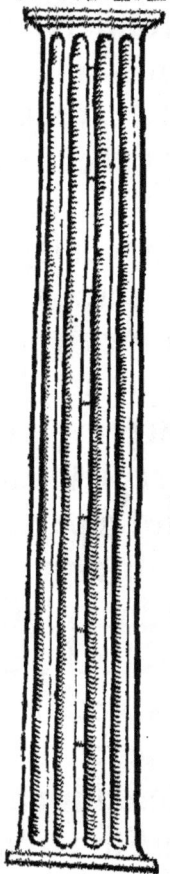

PICARD. Mais la colonne estoit tousiours Ionique. TAMPESO. Il est vray, mais les Ioniens laisserent ce nom audictes colonnes ainsi premierement inuentees: & par seconde inuention ils se mirent à edifier en la cité d'Ephese vn temple à l'honneur de la deesse Diana: pour lequel esleuer & construire, ils firent vne façon nouuelle de colonnes, lesquelles ils taillerent à l'imitation de la seconde humanité, qui est la femme: & retindrent ceste seconde forme pour luy donner leurs noms, comme plus aornée, d'autát que la femme est plus belle que l'homme. Or est il ainsi que la beauté de la femme consiste au visage, lequel est huict fois & demie en la grandeur de sa stature, dont ils prindrent fondement que l'on deuoit donner longueur aux colonnes de huict largeurs & demie. En quoy faisant ils disoient mieux imiter la femme, & complaire en ce à la deesse Diana. Mais d'abondant ils voulurét representer la forme feminine esdictes colonnes & leurs chapiteaux. Et pource adapterent a la lõgueur

desdicte

defdictes colonnes vne maniere de canaux à la femblance
des furcors ou cottes qu'on portoit audict temps, qu'ils nó-
merent ftriates : lefquels canaux & voyes creufes reprefen-
toient les pliz & fronfes des habits defdictes femmes. Et en
perfeuerant à telle imitation, ils faifoient deux entortilleu-
res au chapiteau, ainfi que deux coquilles de limaces, qui
font de façó fpiralle. Lefquelles fignifiét la cheucleure que
les femmes ont retrouffée vers leurs aureilles, à la façon
dudict temps. Ainfi telles colonnes qu'ils trouuerent plus
elegantes, furét nommées Ioniques, à la memoire defdicts
inuenteurs. Le temple deffufdict, felon qui fe trouue par
aucuns autheurs, contenoit quatre cens vingt & cinq pieds
de longueur, & de largeur deux cens & vint. Ces colonnes
furent felon le nombre de leurs Roys, cét vingt & fept d'v-
ne piece, dont chacune auoit foixáte pieds de haut. Lequel
edifice fut trouué fi magnifique, que la renómee en eftoit
par tout le móde. Pour lequel conftruire & parfaire, ils em-
ployerent deux cens ans.   Cette gent mit au temple l'ido-
le & ftatue de Diana. Laquelle ils feirent de cépt de mufca-
det, autrement hebenus appellé, en Efpaignol cepa de par-
ra, ou felon aucuns, de hebenus, qui eft (comme dit Pline)
vn bois qui iamais n'enuiellift. Parquóy elle dura plufieurs
années, & iufques à ce que ledict temple fuft bruflé par la
main d'vn homme, qui pour auoir gloire & occafion de
faire parler de luy au temps aduenir, il mift le feu dedans.
Mais les Grecs (fçachans fon intention) defendirent fur
groffes peines aux hiftoriographes, de mettre fon nom en
leurs croniques, afin qu'il fuft fruftré de l'effect de l'intention, pour laquelle il feit ce mauuais exploit.

Le tiers genre de colonnes s'appelle Corinthe : la mesure de ceste colonne fut au commencement de
dix grosseurs, à raison de ce qu'il y a dix visages
en la hauteur de l'homme. Neantmoins elle fut
remise depuis à neuf, par la raison de la coniunction des largeurs de la colonne Ionique.

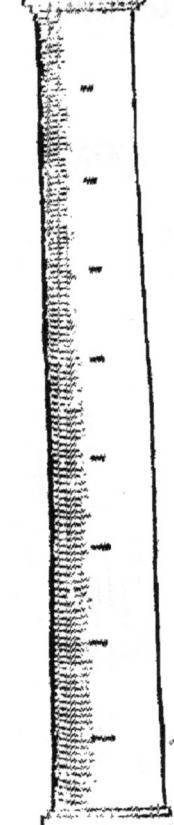

    Le quatriesme genre de la colonne, est la co-
lonne Tuscane, laquelle formerent
les Tuscans, qui est vne gent d'Italie,
encore de present ainsi nommée : la
principale cité est Florence. Ce peuple feit sa colonne de sept grosseurs
à la difference de la Dorique. Aucuns dient, que de deux colonnes
Doriques & Corinthes ont esté en-
gendrées les autres especes de colonnes. Car voyans les antiques la
premiere mesure de la Dorique, estre mout massiue, & lourde, & la
Corinthe estre fort desliée, & alai-
gre, ils adiousterent les six grosseurs de la Dorique, auec les dix de la Corinthe, qui sont seize.
Et dudict nombre prindrent la moytié, qui est
huict, dont fut institué la hauteur de la Tuscane. Depuis ils feirent coniunction de la hauteur
d'iceux Ioniques, àsçauoir huict, & de la hauteur de la Corinthe. qui est dix, & de ce prindrêt la moytié, qui est neuf,
pour faire la vraye mesure de la Corinthe, qui (cóme est dit

cy deuant) eſtoit au premier de dix largeurs. Ainſi te ſont
declarées les quatre eſpeces de colonnes, à ſçauoir Dorique de ſix groſſeurs, Tuſcane de ſept, Ionique de huiɕ,
Corinthe de neuf groſſeurs,pour conſtituer la haulteur de
chacune.

La cinquieſme, & derniere façon de colonnes s'appelle Attique,qui fut faicte carrée.Et ſi
te cõuient noter,que toutes colonnes, qui ſõt
carrées,s'appellent Attiques,& furent dictes
des Atheniens premiers inuenteurs d'icelles,
& qui premiers mirent colonnes carrées en
leurs edifices. Telles colonnes n'ont point de
meſure determinée,ains peuuent eſtre faictes
de telle hauteur, que l'ouurier veut choiſir.

Des meſures qui ſont cy deuant declairées,
ceſte eſpece de colonnes quarrées eſt en pluſieurs raçons, ſelon diuers lieux d'Italie, dont
la plus grande partie ſont formées & vuidées à
canaux,ainſi qu'il me ſouuiét auoir veu à ſainɕ
Iean de Florence. PICARD. Leſquelles
te ſemblent de meilleure proportion en toutes ces cinq ſortes de colonnes, & ſouſtenir
plus gros trauail? TAMPESO. La Dori-
que eſt ſuffiſante pour ſouſtenir toute la charge qu'on luy
voudra donner,& aprez elle la Tuſcane : & pour ce furent
nommez des antiques ouuriers Maçons, & par autre appellation Hembres. Chacune deſquelles colonnes doibt
auoir ſa moſlure autour du pied,cóme autour du chef. La

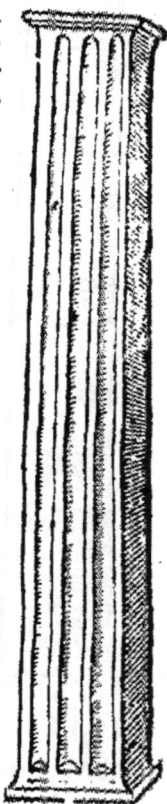

mosture du pied se compose d'vn filet, & d'vne nacelle: & la mosture qui proprement s'appelle siege de colonne, se compose d'vn torus, d'vn filet, & d'vne nacelle.

Noz predecesseurs tindrent aucunement grand compte de telles mostures, & les commandoient estre faites es colonnes, comme partie tresadressant. P i c a r d. Si ne semble il pas qu'il soit grande necessité desdictes mostures, sinon pour faire mieux apparoir lesdictes colonnes, & les aorner. T a m p e s o. Lon a bien autre raison, que pour ordonner la beauté, & mesmement l'imposition des mostures du haut. Car elles sont cause que la ioincture d'entre le chapiteau & la colonne n'est point veuë. Encore est la principale intention des ouuriers, lesquels par leur passetemps prenoient grosse cure à cercher les ioinctures, & assemblages de leurs œuures, & de ce faisoient leur possible. P i c a r d. C'est chose louable que suiure les inuentions des antiques, ce que ie desire bien faire. Mais comme les pourray-ie imiter, & faire les mostures & saillies, selon les reigles qui en sont données? T a m p e s o. Pour former la mosture du pied, il conuient partir le diametre du plant en vingt & quatre parties esgalles, desquelles tu dóneras deux au bozel, & vn à la hauteur du filet, & trois à la hauteur de la nacelle. P i c a r d. Que nommez vous plant, & diametre? T a m p e s o. J'appelle plant le siege de la colonne, comme A, B, C, D. Et diametre, le traict qui passe par le milieu dudict plant, comme A, C. P i c a r d. Tu m'as aduisé d'vne chose qui ne doit point passer sans estre entenduë. Pour ce ie te demande, quand nous prenons le dia-

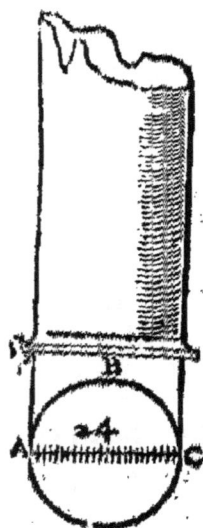

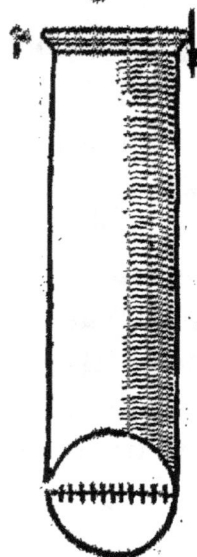

mettre de ce plant, pour en faire la longueur
és colonnes, selon qu'il en a esté cy deuant
declaré, doy-ie prendre le diametre de la
saillie des moslures, ou le diamettre de la colonne sans moslures? TAMPESO. Prens celuy de la colonne: car toutes choses nous ra-
batons du diamettre, tout ce qui saut hors
d'icelle colonne, qui est ce dont excede la
moslure, selon que verrons cy aprés. La mesure du siege superieur, autrement dict la
moslure haute, se faict en ceste façon : diuisez le diametre de la colonne en douze par-
ties esgalles, & d'icelles donnez en vne en ladicte moslure
qui est faicte de bozel, & vn filet: laquelle
douziesme partie sera de rechef diuisée en
trois, dont les deux tiers seront pour ledict
bozel, ou *torus*, & l'autre tiers sera pour le filet. En aprés tu dóneras aussi à la nacelle vne
diuision & demie desdictes portions. Et quãt
à la saillie de ladicte moslure, elle doit auoir
autant hors de la ligne de la colonne, comme le bozel & le filet contiennent ensemble
en la hauteur, comme cy est E.

Comment on doit obseruer reigle à restreßir les colonnes par dessus.　Chap. 5.

L Es antiques considererent jadis que les colonnes estans restressies par dessus en estoient
beaucoup plus fortes, & soustenoient mieux
les fardeaux dont elles estoient chargées, que
celles qui sont egallement larges par tout. PICARD. Comme se peut cela croire? TAMPESO. Facilement, en consi-
derant que toutes les parties de colonne retressie
sont ainsi que si elles auoient des sup-
pors, & renforcemens par dessoubs, &
est la proportió qui est dessous elle, qui
tombe tousiours à plomb, lequel soustient & est cause de grande force & fermeté, qu'elle ne desuient point d'auantage. Ladicte façon des colonnes fut
inuentée par la suite des œuures de nature : car ils prindrent garde que nature
faict ainsi és arbres, & és plantes, comme sont cypres, oliuiers, & sapins, lesquels sont gros au prochain de la racine, & par industrie de nature ils sont
estressis au dessus. Pareillement quand
vn homme est leué tout droict, il occupe plus de lieu aux pieds qu'en la teste : qui fut la forme de ceste premiere

3

de l'Architecture.

39

forme en la colonne. PICARD. Quelque chofe que tu
me dies, lon veoit que si vn homme eft chargé, il ioinct fes
pieds comme vn cheual qui veut tenir ferme, ce qu'on luy
impofe. Ainfi à cefte imitation la colonne doibt eftre e-
ftroicte aux deux bouts, & groffe au milieu. TAMPESO.
Il ne fe faict point qu'elles foient eftroictes deffoubs,
mais on les eftreflit par deffus en deux manieres : les vnes
font reftrefsies en commençant depuis le bas, & les autres
font reftrefsies depuis le milieu tant feulemét, & depuis le
bas au milieu font efgalles : lefquelles font premieres &
plus antiques, & qu'on repute plus naturelles. Celles qui
font reftrefsies depuis le commencement & fiege d'icelles
iufques au deffus, font commu-
nement faictes à canaux & ftriates à la maniere de plis de cottes, comme il a efté dict cy deffus, dequoy lon met cy les exem
ples, felon qu'il y a diuerfes haul
teurs des colonnes. Ainfi auons
nous diuerfes reigles pour les re-
ftreffir, defquelles nous ferons
mention par ordre.

COLÕNES A TEVR DE	DIAMETRE BAS	DIAMETRE AE
15	12	10
20	13	11
30	14	12
40	15	13
50	16	14
60	17	15
A	B	C

Toute colonne qui ne paffe
point quinze pieds de hauteur, il
faut diuifer fon diametre en fix,
& de telle portion prendre les
cinq pour faire la largeur du haut
d'icelle colonne. Toute colonne
qui a longueur de dix-huict à

20. pieds, il faut partir le diametre de son plant par treize parties esgalles, desquelles diuisions faut prendre les vnze pour le diametre du haut de la colonne, qui s'estend de 20.à 30. pieds.& doibt estre le diametre de son plant diuisé en sept, & d'iceux donner six au diametre haut d'icelle colonne. Et pour euiter prolixité de parolles, est cy faicte table desdictes extentions de diametres, par laquelle table se trouuent facilement lesdictes largeurs. Car les premiers nombres, qui sont soubs le nombre A, sont les hauteurs des colonnes qu'on voudra faire. Les seconds nombres qui sont soubs B, sont les portions des diametres des plants & bas sieges de colonnes. Les tiers nombres, qui sont soubs C, sont les portions & quantitez que doiuent auoir les colonnes par dessus,& en leur plus estroit. Par lesquelles reigles se peuuent faire colonnes plus petites, ou plus grandes: car au lieu des pieds lon peut prendre des poulces, ou des paulmes, ou d'autres mesures plus grandes, ou plus petites selon l'intention qu'on a de les eriger. PICARD. Lon peut dire ce me semble des plus petites, ainsi comme des plus hautes: & d'abondant ie croy qu'on n'en trouue point de plus grandes que de soixante pieds de haut, sinon qu'elles fussent de pieces. Mais ie demande plus,à quel propos fais tu tant de manieres de reigles, & que ne restressis tu toutes colonnes par vne mesme reigle? TAMPESO. C'est afin que toutes colonnes semblent estre d'vne mesme proportion & mesure: car si la grande colonne estoit estressie par la mesme mesure que la petite, elle se monstreroit differente de forme à la veüe,& à la verité: & se trouueroit quelque difformité, à cause qu'il est

notoire

notoire en perspectiue, que tout ce qu'on veoit de loing se
monstre moindre qu'il n'est: au moyen dequoy, fut ordonné que la plus grande colonne fust moins restressie
que la petite, affin qu'en les voyant, elles fussent iugées
estre semblables en forme, qui est cause que i'ay mis lesdictes tables & reigles. D'autres colonnes y a il qui se monstrent plus grosses à la veue quelles ne sont. A quoy les anciens remedierent, en les amenuisant plus que leur propre
mesure. & la cause de ce est l'eaue, ou l'air espez: dont les
maistres de perspectiue rendent raison, disans que ce pro-
uient de la reflection des raiz multipliez sur la superficé de
l'eau. De ceste chose appert chascun iour par experience à
veoir en l'eau, ou à regarder les corps en temps obscur, auquel brouillars s'esleuent. Les colonnes faictes à ceste imitation, sont mises és temples. Et sur ce dict Pline, que d'autant qu'on met les colonnes plus prés l'vne de l'autre, d'autant se monstrent plus grosses, & plus espesses, & obscures.
Encore dient les antiques, que de deux colonnes pareilles en longueur, & grosseur, si l'vne est cauée par stries &
canaux en façon de pliz, elle se monstrera plus grosse, que
celle qui ne l'est pas. Car la veue est fraudée par l'air en-
grossi, qui est esdicts canaux. PICARD. Maintenant cognoy-ie, qu'il est besoing au parfaict architecteur, d'estre non seulement manuel ouurier, ains natu-
rel philosophe, à cause que luy faut donner & respondre raison des causes & passions suruenans és besongnes:
& respondre sur les altercations, que reçoiuent ces œuures prouenans en partie des elemens. Or puis qu'ainsi
est, que m'as parlé de ces canaux, & stries, ie te prie, que

f

i'en aye quelque declaration, veu qu'ils viennent icy au
propos de la matiere.

Comment se doibuent cauer les stries, ou canaux
dedans les colonnes.
Chapit. 6.

Es stries, qu'on peut autrement nommer pli-
catures, ou canaux faicts és colonnes, se trouuent tousiours en paires, & nombres qui se
peuuent diuiser par quatre, ainsi que sont les
nombres, 8, 16, 20, 24, 28, 32, 36, & autres. lesquels nombres sont appropriez ausdictes stries de colonnes:pource
que d'iceux l'on faict les premiers nombres contenans les
quarterons,ainsi que 24, qui tient six quarterons, & 28, qui
tient sept quarterons, dont sont crées par le menu les stries
qu'on pretend encauer. Les antiques ont vsé desdicts nombres en telle maniere,que les plus grans ont esté tousiours
donnez aux colonnes de dedans, & les moindres aux colonnes de dehors. Qui s'entend, que colonnes enserrées
veullent les stries plus espesses, que celles qui sont serrées:
à cause que, comme dict est, elles sont plus restressies, &
semblent estre pareilles à celles de dehors, qui sont plus
grosses.
 Lesdictes stries se peuuent faire en tous genres de colonnes quarrées ou rondes,tant Ioniques, Doriques, qu'autres. La caueure d'icelles stries doibt estre d'vn demy cercle, lequel on examine auec vne escarre, s'il est bien formé. P i c a r d. I'ay bien doctrine contraire à mon

cuyder. Ie penſoye qu'il n'y euſt autre engin pour examiner la ſtrie ou demi canal eſtant
és colonnes, ſinon auec quelque
mole equilibre, taillé au iuſte
d'vn demy cercle. Et maintenant
tu dis que auec l'eſcarre l'on le
peut examiner, combien qu'il
n'y a qu'vne poincte en icelle eſcarre.

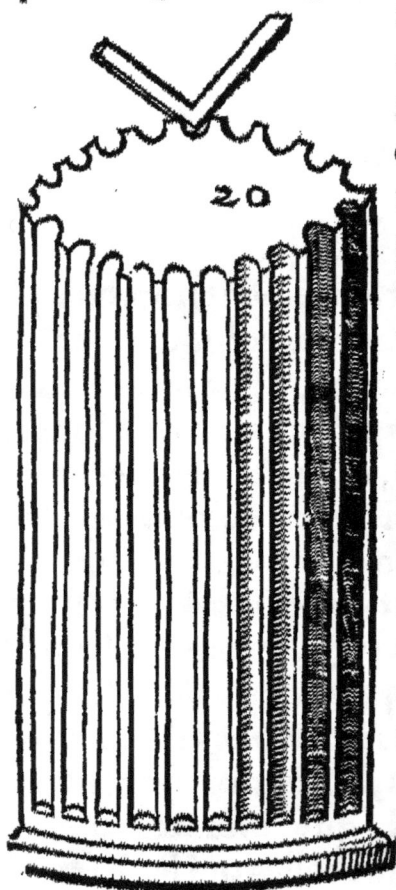

TAMPESO. C'eſt ſuffiſan-
ce pour prouuer la regularité
de ladicte concauité. Car ſi tu
la mets dedans ladicte cauctu-
re, la poincte de ladicte eſcarre touchera le fons d'icelle, &
de ſes deux branches elle atein-
dra aux arreſtes & coſtez des
ſtries eſtans deçà & delà d'elle:
& ce eſt ſuyuant la propoſition
trentieſme du tiers liure de Eu-
clides, qui dit que tout triangle qui ſe faict au demy cercle,
a de neceſſité vn angle orthogone, ou droict, ſi le diametre dudict cercle eſt vn des coſtez dudict triangle. C'eſt à dire, ſi le demy cercle A, B, tient
en ſoy quelque triangle que ce

foit, dont l'vn des coftez foit la ligne A, B, il s'enfuyura que les deux autres coftez feront vne efcarre droicte & reguliere, qui eft fcience moult à prifer par les ouuriers, qui font moult fpeculatifs.

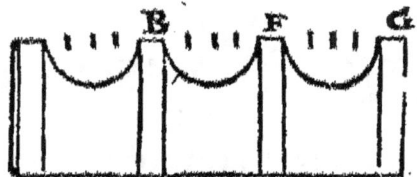

Il fe faict aucunesfois des colonnes, qui ont leurs ftries ioinctes les vnes aux autres, qui font en efpace ou diftance de filet entre deux : mais cela fe fait tant feulement, quand les colonnes font Doriques : car és autres il y a toufiours diftance & entredeux d'vn filet, qui doibt auoir la largeur de la quarte partie du diametre d'icelles ftries.

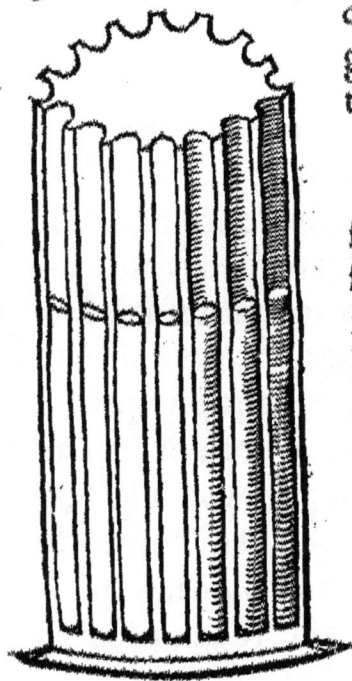

Il aduient auffi par dedans les ftries d'aucunes colonnes que l'on faict des boudins qui montent parfois iufques à la moytié de la colonne, lefquels fe mettent pour garder les efchines, ou arreftes defdictes ftries comme parties qui font plus fouuent touchées, & en danger d'eftre offenfées, ce qui orne mieux & accroift l'elegance des colonnes, comme il fe veoit en la figure prefente.

Beaucoup d'edifices en Grece, & Italie, ont grande co-

lonnes de dures pierres, affifes & pofées fur bafes de metal,
ayans chapiteaux auffi de metal, comme on veoit à Rome, mefmement à fainte Marie la rotonde. Du temps de
Marc Agrippe Conful Romain, s'eft trouué des colonnes
mout grandes, qui font de metal, & fi diligemment acheuées, que tous ceux qui les voyent, les iugoiét eftre parfai-
ctes au tour, ce qui n'eft pas merueilles, veu qu'on lift de
deux maiftres, l'vn nommé Tholon, & l'autre Teolon, lefquels auoient faict vn engin, auquel ils tournoient toutes
colónes, tant de pierre, que de metal, voyre quelque grandeur qu'elles euffent. Et fi eftoit de telle facilité, qu'vn feul
garfon les tournoit, & faifoit mouuoir. PICARD. Ie
voudroye auoir veu quelques colonnes de celles que tu
dis ainfi ouurées, & par fi grande curiofité acheuées: car ie
ne croy point, que les ouuriers de maintenant trauaillent
à obferuer les reigles, qui appartiénent à ceft art. TAMPESO.
Les bons ouuriers, defirans que leurs œuures foyent
de renommée & auctorité, trauaillent toufiours à fuir
reprehenfion, & vice: parquoy ils gardent à leur pouuoir les mefures antiques, comme faict ton voifin Chrifto-
fle de Andino, duquel les ouurages font plus prifez en re-
putation, que nul autre, qu'on face à prefent. Et fi tu ne me
veux croire: aduife ce qu'il a faict pour ton feigneur, mon-
feigneur le Conneftable, lequel tient cognoiffance en
ceft art par deffus tous les meilleurs ouuriers du Royaul-
me. Doncques puis que tu és fi affectueux à fçauoir, il te
faut frequenter les maiftres, qu'il met en befongne, & tu y
voirras mout de colonnes que defires, auecques leurs bafes faictes par grande curiofité, & de façon qu'on n'a point

faicte par cy deuant, desquelles nous commencerons à traicter la forme demain au matin, pource que de present il s'en va nuict, & ie suis fort las. PICARD. Si me faudra il sçauoir, car autrement ie ne dor miray ja de bon somme.

De la formation des colonnes dictes monstreuses,
candelabres, & balustres.

Chapit. 7.

PICARD.

E te donne beaucoup de peine à te retarder pour perseuerer à me dire ce qu'ay desir. Mais puis que ie tiens le compas en la main, dy moy le train de ces bases. Toutesfois premier que passe outre, ie te vueil faire declaration d'vne fantasie, qui me tient depuis que ie t'ay oy premierement parler de ces colonnes. C'est, que iamais ie n'ay dormy en pur repos, que tousiours mon imagination n'ait vaqué apres icelles, car ie ne puis encores entierement entendre ce, que m'en as dict, combien qu'alors il m'eust semblé que i'eusse bien tout entendu. Or voudroy-ie bien à plain entendre tout ce qu'il en est, auant que me trouuer deuant les ouriers de Andino, pource que ie me suis ja ingeré de les aller veoir. Et entre les colonnes rondes, & quarrées, qu'ils font en diuerses sortes, i'en ay apperceu vne estrange, que ie ne sceu cognoistre, si elle estoit Dorique, Ionique, ou Tuscane: ie m'enquis, comment elle s'appelloit, & ils me

la nommerent baluſtre. Auſſi auant que deuiſer d'autre
choſe, inſtruis moy, que c'eſt: car ie les repute d'autre genre, que les colonnes dont tu m'as par cy deuant parlé.
TAMPESO. Et comment t'en pourray ie inſtruire, veu
qu'ils n'en ont faict métion en leurs liures de baluſtres, autrement dictes baluſtes? ne t'eſmerueille, ſi ie n'ay parlé de
leur formation. PICARD. Il pourroit bien eſtre qu'ils
n'en ont rien eſcript, neantmoins il s'en
veoit en leurs edifices. TAMPESO. Il eſt
vray, qu'en pluſieurs edifices, y a mout
diuerſité d'aornemens, qui ſe mettent
plus pour enrichir, que pour neceſſité, &
ne tiennent point meſure determinée:
comme font les colonnes qui s'appellent
monſtreuſes, candelabres, creſtes, & beaucoup d'autres differences, à chacune. Deſquelles autrement la baluſtre qui eſt comme vn tronc de colonne retirée, & ſon ſiege rond, comme le cul d'vn vrinal, dont
pluſieurs la nomment ainſi, & eſt leur figure de ceſte maniere.

Les Grecs l'ont appellée barycephala,
qui vaut autant à dire en François que
grande teſte.

Et ie croy que l'on l'appelle plus proprement baluſte, qui deſcent de ce nom
latin *balauſtium*, qui eſt la fleur de la gre-
nade, de laquelle eſt nommée telle colonne.

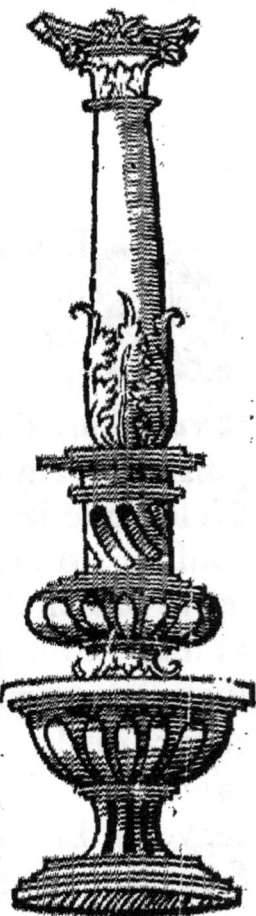

Quand on veut orner aucunes d'icelles, on y met le long de la hauteur qu'elles ont des buffettes & vaiſſeaux antiques, & diuerſément formées, & reueſtues des fueillages & autres coniectures trouuées à labeur fantaſtique, & aprés les auoir mis l'vn ſur l'autre, on aſſiet au deſſus la baluſtre, comme appert en ceſte figure.

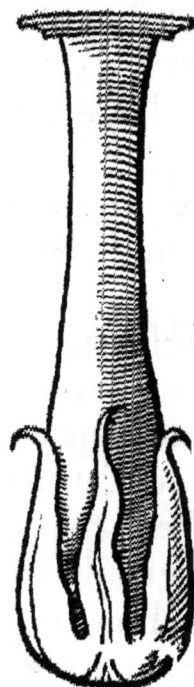

Pour la forme de laquelle faut regarder que le reſtreſſement des gueulles és vaiſſeaux ne ſoient plus deliez, que la gorge de la baluſtre. Or veux ie nommer la gorge, ce qui eſt plus eſtroict en ladicte baluſtre, & eſt celle meſme qu'on faict aux colonnes ſi la baluſtre a vn chapiteau. Es baluſtres de candelabres ne ſe peut aſſigner forme determinée, à cauſe qu'on les trouue de diuerſes manieres, & tient on ſeulement compte de la baſe, laquelle pour la pluſpart ſe faiſoit en forme triangulaire, & tenoit en hauteur deux ſeptieſmes de tout le candelabre, comme ſont A, B, diuiſé en ſept dont les ⁴ ſont B C, & c'eſt pour la hauteur de ladicte baſe. Et pour la largeur de chacune des trois coſtés faut prendre deux fois l'eſpace de B, C, comme eſt D, E. Item chacun des trois coſtez bas, comme ſont, D, E. eſt plus grand de la quarte partie que l'vn des coſtez d'en haut, comme eſt F, G. Au deſſus de ces vaiſſeaux vient vn vaiſſellet ou burette antique, ſur lequel
quel

quel viét la baluftre, puis deffus icelle baluftre y a vne cou-
che ou rondelle à fa-
çon de taffe, ou fe bruf-
loient certaines gommes,
& huilles : & fe doibt garder leur forme, com-
me nous auons dict cy
deuant de reftreffiffe-
ment & eflargiffement
des vaiffeaux, qui n'eft
pas plus allegé, ne a-
moindry que la gorge de
la baluftre, comme il fe
monftre en la prefente
figure.

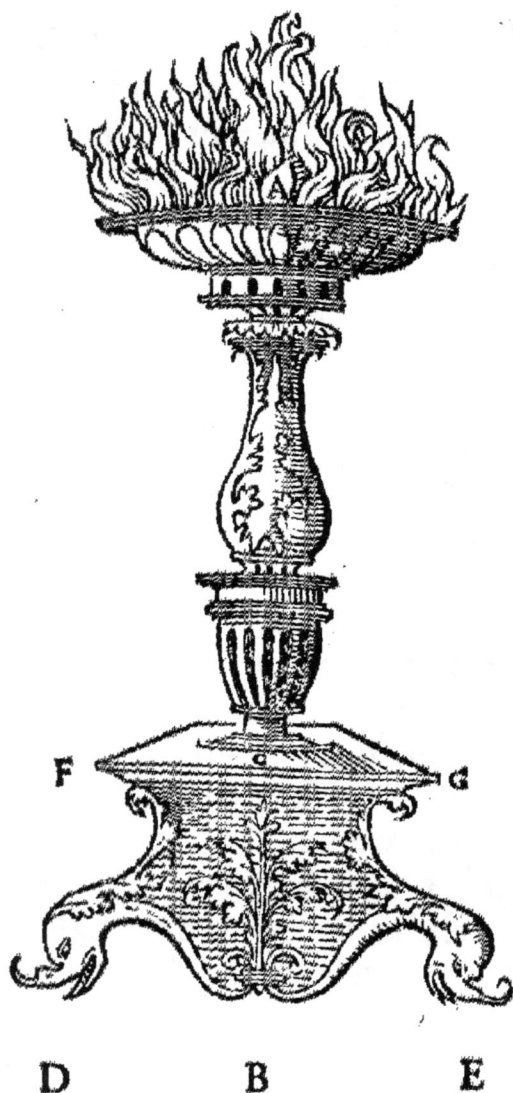

Es angles de ladicte
bafe trigonalles fe font
des pates de lions, chiens,
griffons, ou d'autres be-
ftes cruelles, & par au-
cunes les gueulles d'icelles. Mais il n'y a point
de mefure à les confti-
tuer : parquoy en les
voyant en pourtraictu-
re, tu les auras pluftoft
apprinfes, que par do-
ctrine de parolles. P I C A R D. l'ay cy deuant ouy de
toy, que tous ouurages antiques gifent au rond, & au quar-

ré: & maintenant tu me declares, que la base du candelabre se faict sur la forme triangulaire. TAMPESO. Ce n'est point contrarieté à ce que i'ay dict: mais tu doibs sçauoir, que les candelabres ne sont es edifices, sinon par emprunt. Car iadis on les inuenta pour faire les sacrifices des idoles, ausquelles les anciens offroient encens, baulme, myrrhe, & autres choses semblables, qu'ils brusloient auec grandes ceremonies. Or conuient il noter, que tous philosophes ayans prins consideration es ouurages de nature, ont apperceu que du nombre imper aucuns sont diuins, disans à ces causes, que nature auoit grande obseruation dudict nombre: & Virgile disoit que Dieu s'ẽ resiouissoit. entre lesquels nombres impers, celluy de trois a esté cogneu le plus noble, & exquis. A raison dequoy ils assirent leurs candelabres sur bases de trois costés, signifiant les amitiez & deuotions, dont ils vouloient complaire à ce, qu'ils reputoient leurs dieux. PICARD. Ta raison me contente. Toutesfois ie croy qu'ils n'estoient pas contemplatifz iusques à cela, ains qu'ils faisoient lesdicts trigones pour la

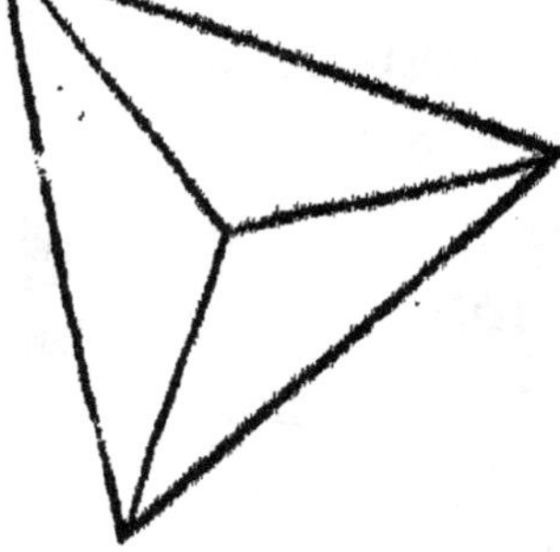

seureté du siege. Car il me semble, qu'vne assiette est plus ferme à trois pieds, qu'elle n'est à quatre: & quelque fois tu m'as racompté, qu'Aristote dict qu'il n'y a point de corps solide, ou massif, qui ait autant de fermeté qu'en la tetragone, à cause que on le peult transtorner quand il est assis. A ce moyen est dict que les hommes doibuent trauailler pour en constance resembler aux tetragones, affin

que fortune tomber ne les face par aduerſitez, ou trop eſ-
mouuoir par felicitez, comme i'ay ſouuent ouy dire, &
veu d'aucuns ayans receu des fortunes, dont ie me tairay,
affin que ne recite rien de moymeſme. T A M P E S O. Ie
te iure en verité, que tu as faict vne re-
ſponſe de merueilleuſe valeur & effica-
ce au propos que tenons, en ſorte qu'il
n'y a que repliquer, pource paſſons oultre.

    Il y a d'autres baluſtres, qui ſe font
pour piliers ou baſtons de tendues &
cloiſons de chapelles, oratoires, & gale-
ries: & ſont compoſées de deux demies
fuſtes eſgalles en leurs groſſeurs, longueurs, moſlures, & en tous leurs ouurages. Ces genres de baluſtre ſont plus deliez & plus longs, ſelon que la diſpoſi-
tion du lieu ou elles ſe doibuent poſer
le requiert. Celles qui ſe font de pierre,
ſont plus groſſes que celles de matiere.
Et celles qui ſont de matiere, ſont plus
groſſes que celles qui ſont de metal, &
eſt le menu du hault pareil au menu du
bas, en ſorte que le pied & la teſte n'ont
point de difference, ains ſont es ouurages & moſlures d'vn ſemblable labeur,
ſi fault il prendre garde en les faiſant,
que les entrailles des moſlures venans
au milieu, ne ſoient plus deliées que les

gorges de baluſtres : & que les moſlures miſes ou bout, ne
faillent point tant comme les ventres. Le dire n'en peult
tant monſtrer comme le veoir, pource la viſion fera la reſte. Leurs meſures n'obligent point l'ouurier. Au moyen de
ce, ie ceſſe d'amener ces raiſons, & vueil dire les formes des
baſes & de leurs membres.

Comment ſe doiuent former & meſurer les baſes, & premie-
rement la baſe Dorique.   Chapitre 8.

Pires, ſelon que diſoyent les anciens,
ſont circulations enuironnantes vne choſe, pource que toutes les moſlures des
baſes ſont circulaires. Et ainſi qu'il y a diuerſité de colonnes, ainſi eſt il diuerſité
de baſes: les vnes s'appellent Doriques,
les autres Ioniques, les autres Taſcanes, & les autres Italiques: leſquelles differences conſiſtent, & ſont cogneues an
leurs moſlures. A ſçauoir que les vnes en ont plus, les autres moins, comme verrons apres. P I C A R D. Ie vou-
droys ſçauoir ſi telles moſlures ſont pareilles à celle de la
cornixe. T A M P E S O. Ce ſont les moſlures, mais
il les conuient nommer par autres noms, que trouue-
rons plus aptes & mieux appartenans à icelles, quand elles ſe poſent en la baſe. P I C A R D. Di donc que
ie les entende. T A M P E S O. Toute baſe generalement eſt autant haulte que la moytié du diametre de la
colonne printe en ſon plant. Et ſont ainſi appellez les
membres, deſquels eſt compoſée la baſe, murezilles, trochiles,

chiles, armilles, eschines, nacelles, plintes, & filets.

Murezille est le bozel rond, qui se trouue en la base, lequel anciennement se nommoit torus, qui veut dire certaine chair dure, & nerueuse, dont consiste la forme & la figure de cestuy membre ressemblât à vn torteau de pain.

Trochile, est vn autre membre principal en la base, qui s'appelle ainsi à cause qu'il est semblable à vne poulie, qu'on appelle trochile en grec, que les latins disét rotula.

Armilles sont comme 2, 3, ou 4, anneaux ioincts en vn doigt: qui sôt ainsi dictes, pource que en latin l'ô appelle armilla certaines boucles, ou cercles portées par les femmes en leurs bras.

Eschine, est autre moslure qui se met sur le plinte en lieu de murezille, & sa figure est comme demy bozel.

Nacelle, est figure ayant la figure de demie trochile.

Plinte, est vne assiette quarrée de la base, & s'appelle en grec ladrille, & par autre nom latestro. Sa grosseur est de la tierce partie de la base pour le plus. Aucunesfois il s'en trouue de ronde, comme il est icy monstré.

Filets s'appellent les grosseurs qu'ót les bors des mosures, cóme les bors de trochile & des autres, lesquels mébres sont cy deuant figurez, ceux qui communémént se trouuent aux bases. Desquelles pour la base Dorique prenons vn plinte, & deux murezilles, & vn trochile, auec ses filets. Quant à la hauteur de chacune base, nous auons ia dict, qu'elle doibt auoir autant de hauteur, que la moytié du diametre de la colonne, dequoy nous donnons au plinte la tierce partie : & ce qui reste depuis le plinte partis en quatre, dont faut donner vn au murezille haut, dessus lequel s'assiet la colonne. Et ce qui reste entre le murezille, & le plinte, se doibt partir en deux, & de l'vne des moitiez formons le murezille, qui se met sur le plinte, & de l'autre le trochile, auec ses filets, lesquels filets tiennét deux septiesmes parties de ladicte moitié, & ont de large vne septiesme partie.

Item le murezille haut à de saillie depuis la colonne, autant comme il est de large, & d'auantage encore vne huictiesme partie. Le murezille bas est esgal au bas du plinte, & ne sort pas plus que lesdicts costés du plinte. Chacune desquelles costes doibt auoir autant de longueur comme le diametre du plinte de la colonne, & la moytié d'auantage, de sorte que si ledict diametre vaut deux, chacun costé

du plinte vaudra trois:& si ledict diametre à quatre,lesdicts
costés du plinte auront six, selon
ce qui est en ceste figure, en laquelle 12. est vne fois & demie autant grand que 34.

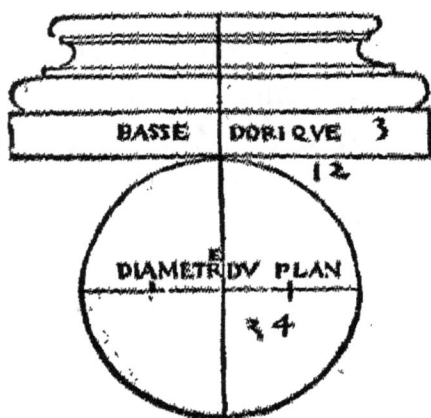

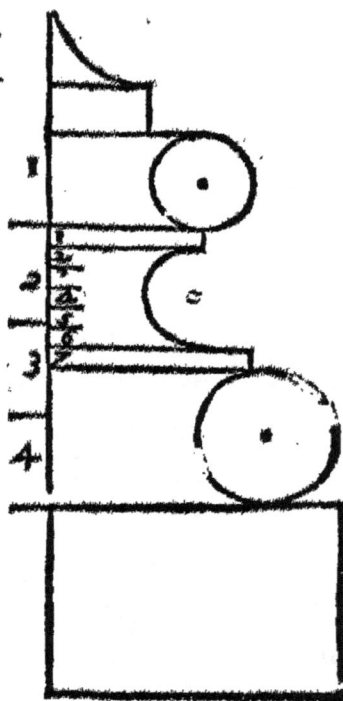

BASSE DORIQVE 3

12

DIAMETR DV PLAN

34

Il conuient en apres noter qu'en toutes formations des
bases, la caueure des trochiles ne soit de telle sorte cauée,
que lé plinte de la colóne trouue ladicte caueure dessoubs
elle. Car il y a reigles generales données par les antiques,
que de toutes pieces qui s'assient l'vne sur l'autre, la supe-
rieure doibt tousiours porter sur le solide,ou massif.

Diego de Sagredo

Chapitre neufiesme.

LA base Ionique se compose d'vn plinte, d'vn murezille, de deux trochilles, & de deux armilles. Prinse donecques la hauteur de sa base : qui se faict, comme dict est, du demy diametre de la colonne : tu donneras la tierce partie pour la hauteur du plinte : & ce qui reste, est esgal à la tierce partie du diametre du plant. Lequel reste tu doibs diuiser par sept parties esgalles, & de trois ce sera le murezille hault.

Puis les quatre qui restent, se doibuent chacune diuiser en quatre : ainsi seront seize, dont seront prins deux pour les deux armilles, & sept pour chacune des deux trochilles auec leurs filetz. A sçauoir cinq pour le trochille, & deux pour le filet, qui est quatorze pour iceux trochiles & filetz. Cy faut considerer, que le trochile bas semble estre plus grand, que le haut, pour l'exemption qu'il a sur le plinte, neantmoins il a esgalité. En ceste maniere de base le costé du plinte tiét vne fois le diametre de la colonne, & trois huictiesmes dudit diametre, de orte, que si le diametre est diuisé en huit, le plinte aura pour sa coste vnze desdictes diuisions

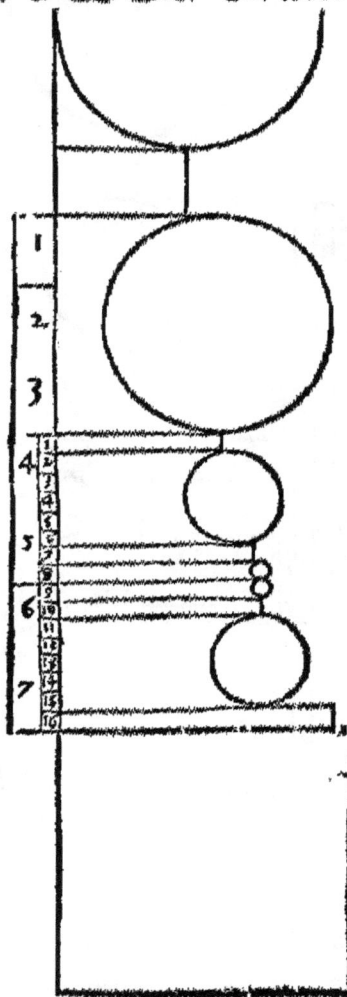

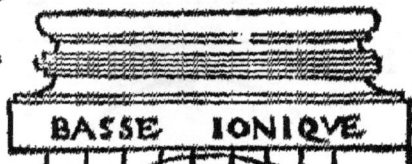

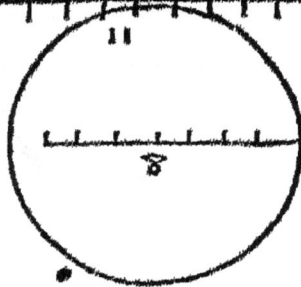

diuifions. La faillie dudit plinte eft hors de la colonne d'vne diuifion & demie, de celles qui font huiõt au diametre de la colonne, qui font trois vingtdeuxiefmes du cofté du plinte: le murezille tient de faillie la moitié, & huiõtiefme de fa groffeur, qui eft la mefme raifon que auons diõte.

Autre formation de bafe Ionique, laquelle met Leon Baptifte en fon liure d'Architecture, ou il dit, que la bafe Ionique fe compofe d'vn plinte, de deux murezilles, de deux trochiles, & deux armilles, mifes en cefte maniere : Partez la hauteur de la bafe en quatre parties, defquelles donnez vne à la groffeur du plinte, & vnze à chacune cofte d'iceluy. Aprés le plinte formé, partez ce qui refte par fept parties efgalles, defquelles donnez deux à la groffeur du murezille qui vient fur le plinte. Puis quand lefdiõts plintes & murezilles feront crées, partez ce qui refte en trois parties efgalles, & de l'vne formez le murezille haut: & des deux parties qui reftent entre ces deux murezilles, faiõtes en quatorze diuifions, defquelles donnerez à chacun trochile cinq auec fes filets : & des quatres qui reftét faiõtes les

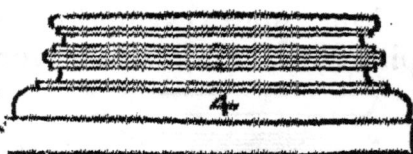

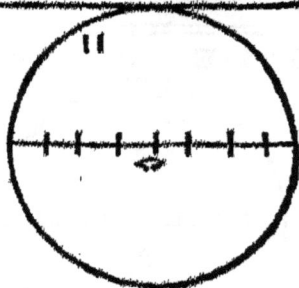

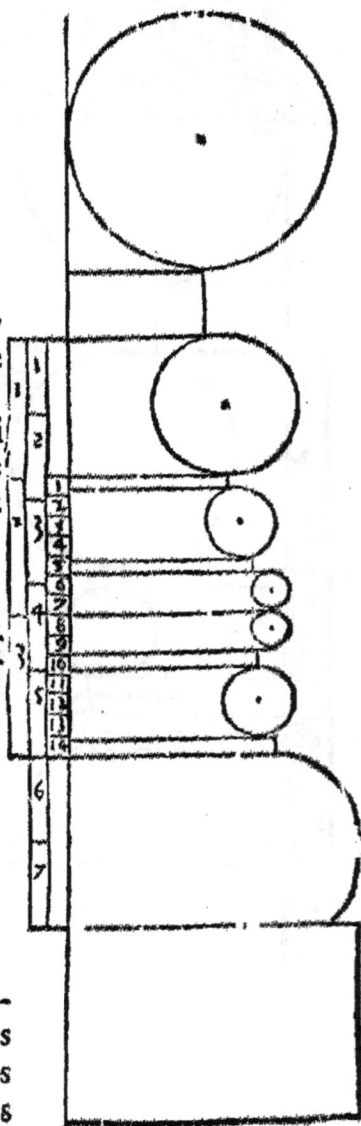

deux armilles, qui font entre les deux trochiles. PICARD. Ie tiēs ceste façon icy meilleure, que la premiere: côbien que l'vne & l'autre soīt de grande fafcherie, pour les diuifions, & fubdiuifions, qui font en icelles: & me femble que les antiques deuoient mettre vn certain nombre, duquel on euft particulierement prins les diuifions, pour les membres qu'on euft voulu faire. En quoy faifant ils nous euffent releué de grand labeur. TAMPESO. Ne penfe point qu'ils ayēt cela fait pour trauailler les gens ains pour aornemens, & regularité. Neantmoins c'eft chofe prouuée, qu'en diuifant la haulteur auāt dicte en feize, ou n'a point befoing d'autres nombres: car en prenant le plinte de la raifon auant dicte, partés la refte par feize, il en fault quatre au murezille du plinte, & trois pour le murezille du hault. Au furplus le trochille bas en aura trois & demi, & le trochile hault trois & demi, ainfi reftera deux feulemēt, qui fe donneront aux armilles. Et foit fceu, que quād le plinte fe fait de la quarte partie de la baffe, chacune de fes coftes doibt auoir cinquantehuict parties de largeur. Et quand il eft de la tierce part, ils doibuent auoir foixante & huict parties. Et quelque fois il fe trouue des bafes, dont le plinte fe forme de la quarte partie.

On trouue d'autres chofes modernes, efquelles le murezille du plinte a mieulx figure d'efchine, que de bozel. En quoy ont voulu dō:

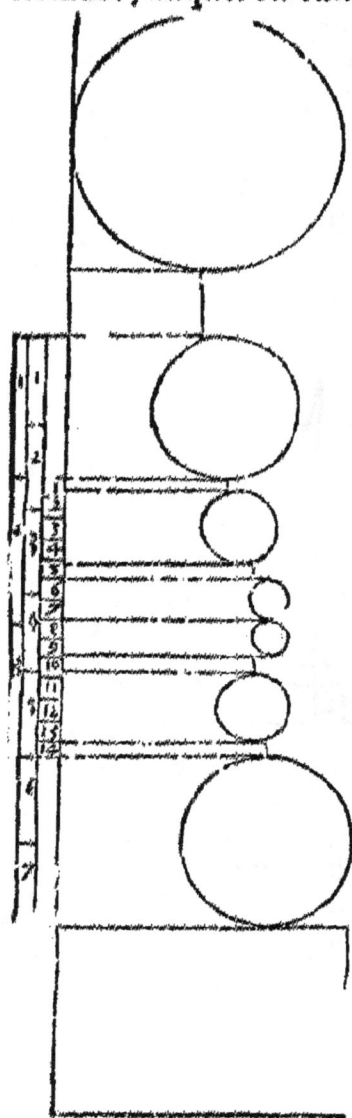

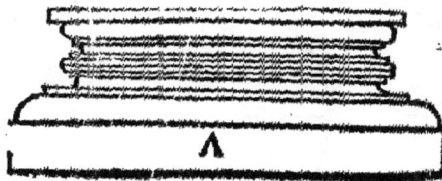

ner à entendre les inuenteurs, que pour la grande charge qu'il a, il
s'est aplaty. Ou parauenture l'ont fait, affin que la base eust plus gra-
tieuses elegances, comme se monstre en ceste figure la lettre A.

Comme se doibt mesurer, & faire la base Tuscane. BASSE TVSCAN
Chap. 10.

A forme de la base Tuscane est mout
differente aux dessusdites, à cause
qu'elle est moult deuestue,& pauure
de moslures: car elle se compose seulement d'vn murezille, sur lequel vient vn filet
& vne nacelle, comme il appert en ceste figure.

La haulteur de la base se prend de la moitié
de la grosseur de la colonne, ainsi comme les
deuant dictes: mais la grosseur du plinte, à la
moitié de la haulteur de la base. Et son diametre est plus grand de la moitié, que le diametre de la colonne. Ce qui reste depuis
le plinte se partit en deux: l'vne des moi-
tiés est pour le murezille, qui vient sur le
plinte: & de l'autre moitié se fait vn filet
& vne nacelle, comme enseigne la peincture.

Autres formations de bases. Chap. 11.

Ncore se peuuent trasser autres bases moult differentes,
lesquel-
les n'ons
esté escri-
ptes par
les an-
ciens: &
neant-
moins
n'en sont

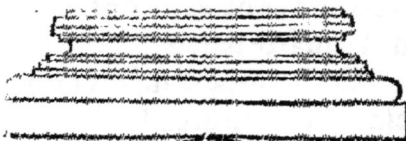

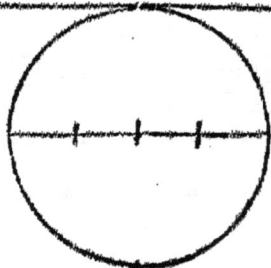

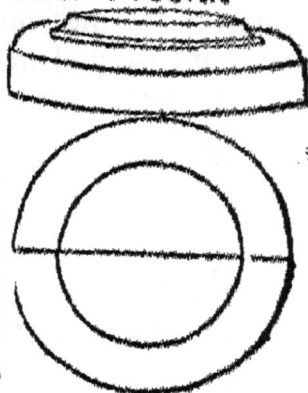

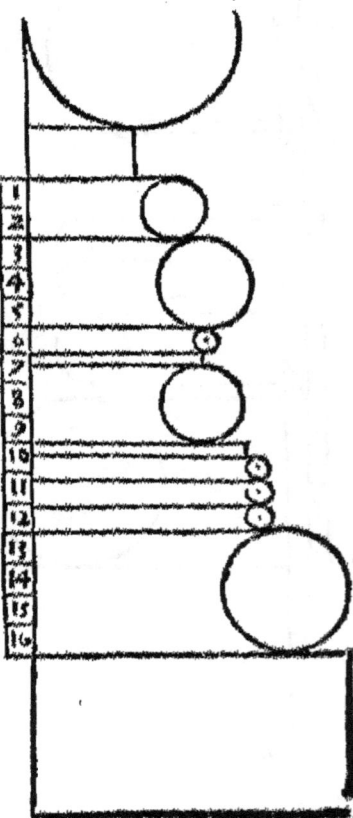

à mefprifer, ainfi qu'eft celle que ie figure icy, qu'on trouue
au portail de S. Pierre à Rome. P1 c a r d. Declare doncques comment elle fe compofe, afin que fi elle plaift, on en
puiffe faire de femblables. T a m p e s o. Sa formation fe
peut prêdre des mefures que i'ay dictes, & fe fait d'vn plinte, & de trois murezilles, de quatre armilles, & vn trochile.
Toute la bafe doit eftre auffi haute comme eft la groffeur
de la colône. Le plinte a de groffeur fa quarte partie. Aprés
que le plinte eft produict, i conuiêt diuifer ce qui refte, en
feize portions efgalles: defquelles le murezille premier en
a quatre pour fa groffeur, puis font deux & demie pour les
trois armilles, eftans fur ledict murezille d'embas. En aprez
trois & demie au trochile, & au filet, qui luy eft prochain.
Puis deffus ledit trochile fe met vne armille, qui tient vne
partie de la groffeur. En outre le murezille deffus cette armille aura trois parties: & l'autre murezille, qui fe met encores deffus, doibt auoir deux portions. Quant aux coftez
du plinte, chacun doibt auoir foixante parties: qui eft autât
que luy donner diametre, & deux plants de la colonne. Le
demourant ie le remets aux reigles cy deffus expofées.

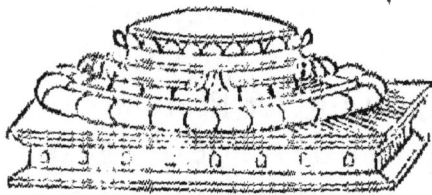

Tous les membres, & mof-
lures des bafes deuant dictes, fe
peuuent ouurer de fueillages,
coquilles, feneftres, efcailles,
neuds de cordelier, patenoftres,
verges, & moult d'autres ouurages à la volonté des difcrets
maiftres, en employant en chacune moflure la plus conue-
nante inuention, de forte que la façon d'icelle moflure ne
s'en difforme. Et deuez entendre qu'il n'y a art ou fe puif-

sent mieux employer les nouueautez de nature, & fantasies
nuisans aux hommes, qu'en cestuy art qu'on appelle Romain, auquel tous maistres doiuent obseruer deuë distri-
bution & parcité des choses en labourant en cecy.

Comment se doiuent former, & mesurer les contrebases.

Chapitre 12.

IL reste maintenant de dire la formation
d'vne autre piece, qu'on appelle contre-
base, ou pedestal: son office est d'esleuer
les balustres, ou les colonnes, qui se mettent deuant les portaux, arcs triumphans,
& accroissemens d'auctorité en l'edifice.

Ceste piece pour la plus grand' part se
fait quarrée, & requiert tousiours estre plus haute que large. Elle n'est iamais moindre, que la grandeur &
quarrure du plinte de la base, qui sur
elle est assis, de quoy la cornixe haulte, & la moslure est mout bien accomplie. Et pource que telle piece à gran-
de similitude aux autres ou l'on faisoit iadis les sacrifices, elle a esté nommée arula par les architecteurs, qui vault à dire en François comme petit autel, ou autelet. Plusieurs autheurs luy conuiennent, & n'est point de reigle obligeant
à mesure determinée pour icelle: mais d'autant que la cornixe a de haulteur, doibt prédre la septiesme partie de toute la haulteur, & le semblable à la moslure basse: Et pour le
bien faire, partez ceste haulteur en sept parties esgalles, &
donnez vne à la partie haulte pour la cornixe, & vne autre.

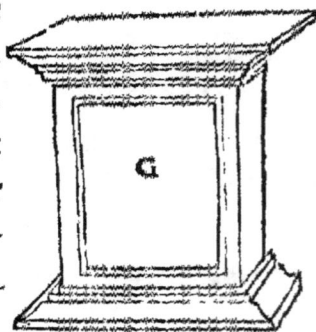

à la moflure baffe:& les cinq qui reftent, dónerez au plain,
auquel fe infculpent & mettent mitailles, efcus, tiltres, hi-
ftoires, & autres œuures telles qu'il plaift au maiftre d'y
bouter. Et doibt chacun defdicts plains eftre garny de fa
moflure tout à l'entour, comme d'vne doulcine, ou d'vn
rond entre deux quarrez, & reualler vn champ, fi autres
labeurs n'y voulez mettre, comme en la figure cy deuant.

Si fe doibt roufiours garder, que la formation d'icelle
foubbafe ne foit point plus deliée, que le carré du plinte,
qui eft faict felon la bafe de la colonne : car fi elle eftoit
moindre, on trouueroit le plinte porter à faux, qui feroit
grande imperfection & reprehenfion pour l'ouurier. Et
faut confiderer que cefte groffeur s'entend fans la faillie
de la cornixe, laquelle doibt autant fortir hors comme elle
a de hauteur. Pour ce quand tu veux faire contrebafe ronde, tu doibs garder en fa formation toutes les conditions,
& circunftances, qu'as obferué en la quarrée.

De l'inuention des chapiteaux, & comment ils
fe doibuent former. Chap. 13.

Ntiquement la colonne & le chapiteau
fe faifoyent d'vne piece, & le chapiteau
eftoit d'vne portion de la hauteur de la
colonne, & ne fe faifoyent point fi accom-
plis ne parfaicts que de prefent, felon
qu'on y a pourueu petit à petit. Les pre-
miers qui feirent chapiteaux fur les colonnes, furent les
Dores, ou Doriens : & eftoient lors leurs chapiteaux faicts

comme vn vaiſſeau rond en façon de plateau, ou eſcuelle
de balance, couuert d'vn tranchoer quarré à la façon d'vn
plinte, lequel tenoit tant de largeur, qu'il eſtoit requis pour
couurir les ioinctures des architraues.

Generalement tous chapiteaux doibuent autant auoir
de hauteur que le demy diametre de la colonne, excepté le
chapiteau qui s'appelle Corinthe, lequel doibt auoir autãt
comme toute la groſſeur de la colonne, ſelon qu'il ſera cy
aprés declaré. Ainſi tu ne doibs faire aucun chapiteau qu'il
ne ſoit eſgal à ſa baſe, fors le chapiteau Corinthe. Les Doriens, ayans vlé dudict chapiteau, diuiſerent ſa hauteur en
trois parties eſgales, & de l'vne faiſoient le tailloer, ou tranchoer, ou plinte: de la ſeconde, le vaiſſeau: & de la troiſieſme, le cul, ou eſt aſſis ledict vaiſſeau, lequel ils ne faiſoient
plus gros, ne plus petit que la gorge de la colóne. Or appelle je icy la gorge, le plus dehé, & reſtreſſi de ladicte colonne. Et faut obſeruer, qu'il ne ſe trouue plus gros, ne plus petit ſur le ſiege de ladicte colonne: car ce ſeroit iniure à l'edifice, & au maiſtre. Doncques declarós, que toutes les aſſiet-
tes des chapiteaux ne doibuét eſtre ne plus groſſes ne plus
petites, que la gorge de leur colonne. Ils faiſoient auſſi chacun coſté du tailloer plus grand, que le diametre de la colonne, d'vne douzieſme partie. Puis formoient en la cauerne dudict tailloer vne cymaiſe, à ſçauoir, vne petite gueulle, ou talon, tenát deux cinquieſmes parties de la groſſeur
dudict tailloer: le ventre du vaiſſeau eſtoit de figure oualle
& le cul d'iceluy eſtoit de œuf, ou de feneſtres, pour aorne-
mét. La façon d'iceluy chapiteau, n'eſt autre choſe, à y bien
aduiſer, ſinon les moſlures prinſe en la cornixe : car la co-

ronne fe demonftre par le tailloer: & l'efchine par le vafe, ou par le cul dudict vaiffeau, comme il fe veoit en cefte figure.

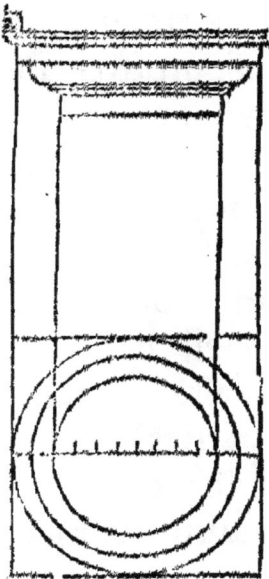

Cy apres te declarerons, que c'eft d'vne faxe en traictant de l'architrature. PICARD. Ce n'eft pas feulement des moflures du chapiteau, ains toutes autres formes vafoires: comme baluftres, candelabres, & autres façons d'aornemens, ne font autres, finon moflures de la cornixe. Et felon que iay apperceu, les figures cy deuant enfeignées, font gueulles, nacelles, efchines, & tous autres genres de moflures.

Autre genre de chapiteau dict Ionique.
Chapit. 14.

Epuis que les Ioniens eurent veu la maniere du chapiteau Dorique, ils redarguerent la façon en ce, que le cul du vaiffeau caufoit difproportion à la colonne. Affez eurent ils à gré le tailloer, & le vaiffeau, & pource en firent ils aornement en leurs chapiteaux, lequel ils faignoiét eftre couuert d'vne groffe ceinture autant longue que les deux coings, laquelle s'enroulloit d'vne part & d'autre de foymefme, comme peaux de parchemin: lefquels rouleaux fignifioiét les chaperons des femmes, ainfi comme nous auons ia dit, que les

que les ftries fignifioient les pliz de leurs cottes, ou corfets.
Et pour traffer tels rouleaux, pour la forme de leurs chapiteaux, conuient faire en la maniere fuyuāt: premier, diuifer
le demi diametre de la colóne en dixneuf portiós efgalles:
apres faire vne ligne droicte cómencant à la main dextre
iufques à la feneftre, grande comme ledict diametre, à laquelle conuiēt adioufter vne dixhuictiefme partie : & telle
ligne fera la largeur du tailloer, qui eft plus large qu'efpés.
Puis du coing feneftre prendras orthogonellement, c'eft à
dire, quarrémét deux paralleles, qu'on appelle ligne equi-
diftantes : comme font chacunes d'icelles eftans efgalles à
celles de la gorge, & en autant partir de parties l'vne, que
l'autre, à fçauoir, des trois portions auant dictes.

Item en l'autre coing dextre prendras autre deux par la
mefme maniere.

Lignes font appellées paralleles, quand elles font efgalle-
ment diftans l'vne de l'autre, foit qu'il en y ayt deux, trois,
ou plufieurs. Les autres qui trauerfent à l'efcarré perpendi-
culairement, s'appellent axes, ou aiffils, pour ce que fur icelles s'entortillent les rouleaux de la corroye. Diuifez apres
chacune de ces lignes pendens, ou aiffils en
dixneuf portions, telles que les portions dont
eft diuifé le diametre de la colonne. Defquelles parties faut donner trois à la groffeur du
tailloer, quatre à la groffeur de la ceincture, &
fix aux vaiffeaux: & les autres fix qui reftent,
feront pour les rouleaux de la ceincture, qui
fe mettét en tortil. Lefquels rouleaux ainfi diuifez, formez l'aiffils C, B, en dixneuf parties. Puis mettez le

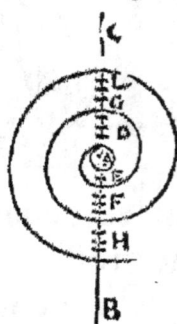

i

pied du compas fur la neufiefme partie, comme eft A , &
fur icelle faicte vn petit cercle, dôt le diametre fera de deux
diuifions, comme D, E, & tel cercle s'appelle la boche des
rouleaux. Et ces deux poincts D, E, font les deux cêtres , fur
lefquels fe faict toute l'enroulure de la corroye: & eft D , le
centre hault: & E, eft le centre bas. Ce faict, mettez le compas fur D, & ouurez l'autre pied, tant qu'il touche au poinct
C: & ainfi faictes vne ligne courbe iufques côtre l'aiffils en
bas à la lettre F. Ce fair, mets ton côpas fur E, & ferre l'autre
pied iufques à la lettre F. Puis fais vne ligne courbe de l'autre part, iufques à la lettre G, qui eft diftant de C, par quatre
diuifiós. En apres mets ton côpas fur D, & ferre l'autre pied
iufques côtre G. puis èfcris vn cercle en enfuiuât tô enroulure iufques à la lettre H, qui eft diftât de F, par quatre diuifions. Finablemêt remets ledict côpas fur E, & ferre l'autre
pied au poinct H, & fais vne ligne courbe pour acheuer à
l'enroulure. Laquelle faicte, tu peux facilemêt faire l'autre.

Et notez qu'en formant ledict limaçon, le compas faict
quatre faults: le premier de huict poinct, le fecond de fix, le
tiers de quatre, & le dernier de deux. La profôdeur du tailloer con-
tient toute
la groffeur
du diame-
tre de la co-
lonne , &
vne dixneu-
fiefme par-
tie & de-

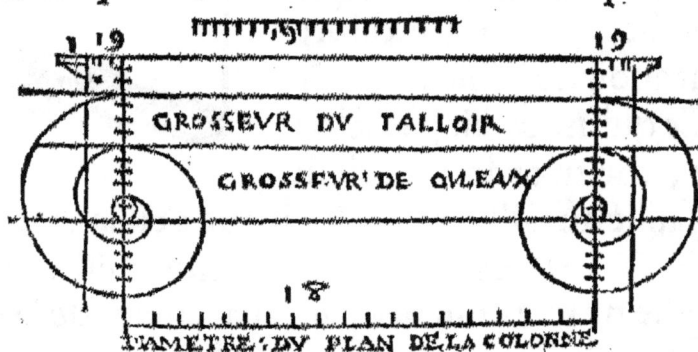

GROSSEVR DV TALLOIR

GROSSEVR DE OVLEAX

DIAMETRE DV PLAN DE LA COLONNE

mie d'auantage. Ainfi à bien diuifer, fe trouuera, que ledit
tailloer eft plus large que profód d'vne dixhuictiefme partie: & l'affiette de ce chapiteau eft deffoubs la mofture de la
colóne. Et pource qu'on ne pourroit affeoir les tours de la
ceinture, qui font en maniere de limaçon deffus la colonne, il eft neceffaire de quitter en la colonne la partie du fiege, qui s'y cache, & ouurir les tours du chapiteau iufques à
defcouurir le rond de l'affiette du vaiffeau, lequel ne doit
eftre plus gros, que la gorge de la colonne.

Les membres du chapiteau s'ou-
urent de maintes manieres. premier
en la largeur de la ceincture fe forme vn canal, qui eft vne efcorce a-
uec fes filets. de rechef en l'efpeffeur
du tailloer y a vne petite mofture
de cymaife, qui porte la moitié de
la groffeur, & de faillie deux portions. PICARD. Ie m'efmerueil-
le, comme tu donne à la mofture
de ce tailloer tant de faillie, veu que
as cy deuant dict, que toute mofture
doibt autant auoir de faillie, que de
hauteur. Ce qui ne fe fait pas felon
cette reigle, car tu ordonnes deux
diuifiós de faillie au tailloer, combien que c'eft ia trop d'v-
ne & demie. TAMPESO. On luy donne c'eft auantage,
à fin qu'elle ne foit bouchée par l'auácement de la ceincture. Ainfi ie te di, que bien iufte eftoit la caufe de ton ef-
baïffement. La grande diligence des antiques adiouftavne

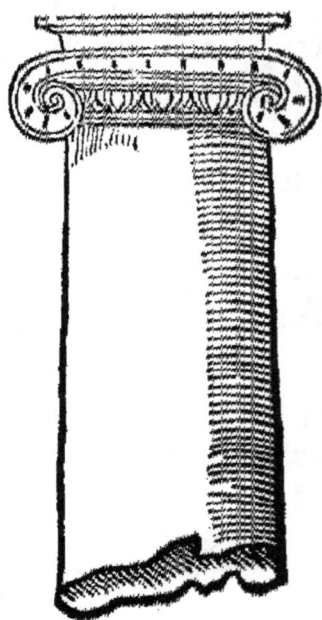

dixhuictiesme partie à largeur du tailloer, quand le chapiteau est faict pour la colône, qui ne passe de qunze pieds: quand elle est plus haulte, ils la creurent d'vneneufiesme partie: & à la veue, qui va croissât la grosseur du tailloer, va aussi augmentant sa moslure, comme vont montant haut les colonnesgardans chacune chose sa deuë proportion.

D'vn autre genre de chapiteau nommé Corinthe.
Chapit. 15.

E chapiteau Corinthien est moult dissemblable à ceux, qu'auons designez. Car les haulteurs d'iceux sont de demi diamette de la colonne, & le chapiteau Corinthien est d'vn diametre entier. Les costez des tailloers sont droicts, & hauts, & ceux du Corinthien sont courbes, & arcuillez. Le vaisseau des autres est comme vne balance, & celluy du chapiteau Corinthien est comme vne seille à puiser l'eaue. & fut inuenté cedict chapiteau par vn architecteur bien renommé, qui s'appelloit Callimachus, qui print l'occasion sur l'acte d'vne nourrice. C'est à sçauoir, qu'il y eut en la cité de Corinthe, vne noble fille, qui mourut assez ieune, & fut enterrée aux champs par ses parens, selon la coustume des gétils. Or auoit elle vne nourrice, qui l'auoit nourrie de laict, & de doctrine, si qu'en luy donnant instruction de bonnes mœurs, elle la trouuoit estre de courage mout docile, & l'aymoit de telle affection, que sa mort aduenue, elle tomba en extreme tristesse, & regrettoit mout sa mort: mesmement quand elle trouuoit par le maison pots, seilles, ou autres vaisselles, que ladicte fille traictoit au seruice d'elle. par-

quoy voyant que cela luy estoit renouuellement de douleurs, elle amassa lesdictes vrensiles, & les lia en vne masse,
qu'elle mist dessus la sepulture de ladicte fille : & pour les
preseruer de dommage de la pluye, les couurit d'vn carron
de tuille, si se trouua si bien l'aduéture, qu'il y auoit vne racine de lierre dessous ladicte structure : & ainsi qu'elle pul-
lula, creut, elle enuironna, & reuestit lesdictes vrensiles, de
toutes pars, & les costez qui monterent iusques au carron,
s'entrelierent aux cornes d'iceluy, & à cause qu'il ne trouuoit plus à soy prendre pour monter, s'enclinerent les brá-
chettes, & feirent des retours & entortillemens de bonne
grace, qui d'abódât furét beaucoup ornez par les fruictai-
ges, corymbes dudict arbre, qui resembloient agencemens
de roses, & qu'on eust faict cela par industrie deliberée. Lequel Callimachus passant par la, contépla moult la cóposi-
tion de nature, & se delecta beaucoup en telle nouueauté
trouuée. Sur laquelle il dressa inuétion de nouueaux chapiteaux, lesquels depuis il feit auec raisós, cóme si apres orras.

Tout chapiteau Corinthien doibt auoir de haulteur autát que le diametre de la colóne : laquelle haulteur du chapiteau se doibt diuiser en sept parties esgalles : dót l'vne est
pour le taillóer, & les six autres pour le vaisseau : dequoy l'assiette doibt estre esgalle à la gorge de la colonne, & la bouche au plinte de ladite colonne. Les fueilles qui s'insculpét
à l'entour du vaisseau, commencent de l'assiette du chapiteau. Et les premires montent d'vn tiers, les secondes vn
autre, & les rouleaux occupent l'autre tiers. Lon y faict dix-
huict rouleaux, dont les huict se ioignent de deux en deux
du bas des coings du trenchoer, ou tablier, duquel ils ont

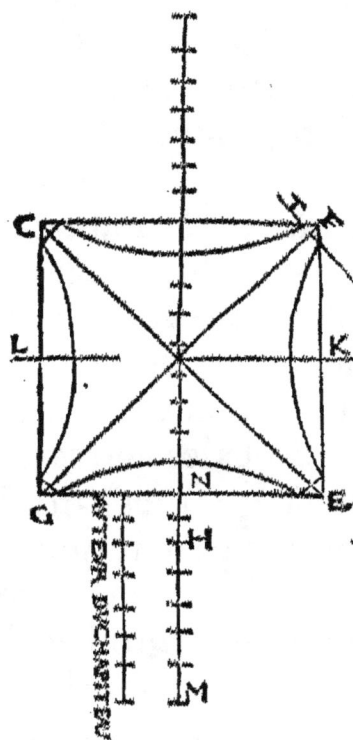

leurs retours enroulez en la façon de limaçóne, qu'on appelle
heliques. Les autres huict font
femez par les coftez du vaiffeau,
& ont auffi les mefmes entortillemens refpondans les vns
aux autres, auec eftendues atta-
chées artificiellemět de grande
grace. Le tailloer doibt auoir
chacun de fes coftez autant lóg,
que la hauteur du chapiteau : &
outre encores trois feptiefmes:
aufquelles fe mettent les poinctes
des coings & fe retirent les coftez
iufques dedans. Le tailloer doibt
auoir vne quatorziefme partie, &
fe retire d'vne neufiefme. Sa figure eft de cefte façon. P I C A R D.
Ce chapiteau me femble elegant,
mais ie me trouue confus en ce
que maintenant tu me dis,& pour
dire verité,ie ne l'entens point.
T A M P E S O. Pour bien traffer
ce tailloer,il cóuient faire vn quar-
reau, qui ayt pour fa ligne diametre deux fois la hauteur du chapiteau , ainfi comme la hauteur du
chapiteau A , B , qui eft deux fois
en la ligne C, D, E, & trouueras

ETRE DV PLAN

qu'en chafcun de ces coftez,comme E , F, eft contenue dix
fois la groffeur que doibt auoir le tailloer.Et note,que i'appelle diagonale celle ligne , qui trauerfe vn quarré depuis
vn coing iufques à l'autre coing, ainfi qu'il a ia efté dict. A-
pres ouure le compas autant comme monte la moitié de la
groffeur du tailloer, & mets le pied d'iceluy compas deffus
l'vne des poinctes du quarré, & auec l'autre pied marque
deux poincts es deux coftez dudict quarré.Et de l'vn à l'autre feras vn petit traict,qui te môftrera la mefure que doibt
auoir la corne d'iceluy tailloer,comme eft cy R, T.& par la
mefme maniere feras les trois autres qui reftét.Diuifez encore ledict quarré en quatre quarrez efgaulx,en faifant par
le milieu des coftés d'iceluy deux lignes,qui fe croifent,cô-
me font A,I,& K,L,au milieu de l'aire affeoir D. puis diuifez chacune defdictes lignes en neuf: & ladite diuifion faite,ouure ton compas de huict diuifions,& mets telle efpace hors le quarré deffus le diametre,comme eft H, M:& a-
lors le poinct M, fera le lieu du cêtre , auquel fe doibt mettre le compas,pour faire les arcs des coftez du tailloer , côme eft l'arc G, N, E.Car en mettant l'vn des pieds du compas fur M,& l'autre fur la premiere neufiefme,qui eft dedâs
ledict quarré,l'on fera la ligne courbe , feruant pour ledict
cofté du tailloer.Et le femblable eft de tous les autres trois
arcs qui paffent toufiours par les poincts que tu as partis.Et
laquelle ouuerture du compas eft autant grande que l'vn
des coftez,comme E , T. Ledict tailloer doibt auoir en fon
front fa moflure,qui tiêne la tierce partie de la groffeur d'i-
celuy.Et fe font quatre rofes es quatre coftez,lefquelles ne
doibuent exceder la groffeur du tailloer. Il y a d'autres fa-

çons de faire lefdicts arcs, qui reuiennent à celle quedessus,
à fçauoir, fans faire aucunes diuisions, qu'on ouure le compas l'efpace E, F. puis marquer ledict efpace depuis le coing
du tailloer iufques à la ligne D M, & outóbera le pied du
compas en ladicte ligne D, M, eft le centre pour faire ledict
cercle. Et felon cefte doctrine tu peux faire vn mofle, qui
feruira pour faire lefdicts coftez & arcs, comme iadis feirét
les antiques. Sur cefte inuention les architecteurs, qui ont
fuccedé, ont inuenté plufieurs differences par innouation
d'ouurage, en adiouftát ou diftraiant, en façon que l'origi-
nele façon ne fe trouue plus, & n'en eft memoire ny peincture. Et s'en trouue beaucoup en cefte façon que ie dy, par
les edifices d'Italie : qui eft caufe qu'on les a nommez chapiteaux Italiques, & non Corinthiens. Le nombre des di-
uerfitez ne fe peut declarer, pour la multitude d'icelles,
Neantmoins ie feray icy les portraicts d'aucuns, felon que
ie les ay veuz és lieux plus antiques.

En ces chapiteaux qui ſuyuent, ne fault pas fort preꞵ dre
garde à leurs meſures, car ils n'en tiennent point, & n'ay pas
prins peine à les compaſſer, ne dreſſer, ſelon les reigles qui
ſe doiuent faire, mais ſeulement ont eſté cy peinct, pour
monſtrer les differences.

le t'en pourroys bien encores portraire beaucoup d'autres, ainſi que ceulx cy, qui prendrēt origine des Corinthes,
& deſquels la pluſpart des diſ _ences conſiſte es rouleaulx
des vaiſſeaulx, qui proprement s'appellent corroyes belli-
ques. PICARD. Ie m'eſiouys beaucoup en la viſion de
tes chapiteaux, qui ſont moult enrichiz, par les portraicts:&
chacū deſquels eſt moult delectable à l'œil:& encores plus
ſont, quand les meſures y ſont gardées, ſelon les reigles cy
deuant dictes, que ie trouue treſintelligibles, pour la facilité de la parolle. TAMPSO. Puis que tu en as claire ap-
prehenſion, ie puis bien paſſer oultre, & commencer à traicter des trois pieces, ſuyuant la ſummité deſdicts chapiteaux: A ſçauoir, architraue, frize & cornixe. Leſquelles ont
entr'elles ſi grande fraternité, qu'elles ne ſouffrent ſepara-
tion, ains conſiſtent enſemble. Pource conuient qu'elles
ſoient entendues, & formées à diligence, affin que l'elegā-
ce ſuyue ſes commencemens. Et quant nous auons fait de-
K ij

scription d'icelles, il ne nous semble pas qu'il puisse rester aucune chose, à sçauoir pour l'aornement des circustances d'architecture, parquoy nous mettrós fin à noz parolles.

De trois pieces qui se mettent sur les chapiteaux, à sçauoir architraue, frize, & cornixe. Chap. 16.

TAMPESO.

A premiere pierre ou autre matiere, que mettoient les antiques sur les colonnes, ils l'appelloient architraue, cóme principal. Les Grecs l'appelloient epistylio, qui vault autant à dire, que surcolonne. Cest epistylio, surcolóne, ou architraue, se forme de diuerses haulteurs, quand il est de pierre, & diuerses largeurs, & espesseurs, selon la diuersité des haulteurs des colonnes. Car elles se font d'autant plus grosses, comme elles sont esleuées en haultes colonnes. Et les reigles qui ont esté faictes sur ce, sont celles que met Vitruue au dernier chapitre de son tiers liure, lequel dit ainsi:

Quant la colonne est de douze à quinze piedz de haulteur, l'architraue qui viét dessus icelle, doibt auoir de haulteur la moitié du diametre de telle colonne.

Quand la colonne sera de 20 à 25 piedz de hault, diuisez ladicte haulteur en 25 portions, & donnez deux desdictes diuisions à la haulteur de l'architraue: & ainsi des autres lógueurs tiédras pareille proportion. Neantmoins pour euiter prolixité, & auoir meilleure declaration d'icelle, ie mettray cy vne table, seruát à leur cognoissance, en laquelle ta-

A	B	C
15	13	1
20	13	1
25	25	2
30	12	1
35	23	2
40	11	1
45	12	2
50	10	1
55	19	2
60	9	1

ble les noms qui font deſſoubs la lettre A, ſont les longueurs des colonnes depuis 15. piedz iuſques à 60. Les ſecondes qui ſont deſſoubs B, ſont les portions eſquelles il faut diuiſer les largeurs deſdictes colonnes. Et au troiſieſme lieu deſſoubs C, ſont les hauteurs que doibuent auoir les architraues, eſtans miſes ſur leſdictes colonnes. Et pource que leſdictes architraues veoient de colonne à autre, il ne conuient pas que les entrecolonnes ſoient trop ouuertes. Et à ceſte cauſe les antiques ne donnerent aux entrecolonnes, que trois groſſeurs de colonnes au plus.

Et auſſi les architraues ne ſeroient pas durables autrement: car leur grandes diſtances cauſeroient ruine, ou les preparemens à rompures, ſi elles eſtoient chargées, comme il ſe veoid en pluſieurs edifices antiques, ſignamment à ſainct Pierre à Rome. Si te vueil aduertir, que i'appelle entrecolonne, la diſtance qui eſt d'vne colonne à l'autre. En outre ſçaches que l'eſpeſſeur baſſe de l'architraue, doibt touſiours eſtre eſgalle à la gorge de ſa colonne, & l'eſpeſſeur pareille au plant de ladicte colonne. Plus note, qu'en la face deſdictes architraues il ſe forme vne petite moſlure, qui occupe la ſeptieſme partie de la hauteur a l'architraue: & ce qui reſte depuis celle moſlure, ſe diuiſe en

K iij

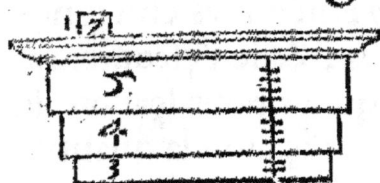

douze parties efgalles, defquelles fe font trois faces,
dont la premiere (qui eſt la
plus baſſe) contient trois di-
uiſions, la feconde en tient
quatre, & la tierce cinq : &
faut que la tierce faille fur la feconde , & la feconde fur la
premiere, comme il appert icy en figure. Defquelles fe re-
pete l'exceſſiueté, c'eſt à dire, ce qui paſſe la face deſſus, ſur
celle qui eſt deſſoubs. En apres fault aduiſer en aſſeant toute architraue, que ſa face baſſe reſpóde à plomb à la gorge
de la colonne : & par ce moyen il n'y aura aucune partie de
ladicte architraue, qui faille hors de leurs chapiteaux, ny de
leurs colonnes. Auſſi quand il ſe feroit autrement, telle beſongne feroit menteuſe, & hors de reigle, & art. Les architraues Doriques ſont formées par les meſmes meſures que
les Ioniques, fors qu'elles ſont toutes raſées, & ſans aucune
face. Mais il ſemble à te veoir beſſer la teſte, que tu t'endor-
mes m'oyant parler. Si tu as ſommeil, dis le, à fin que ie ne
trauaille plus à te ſermonner, P I C A R D. Il ne dort pas,
qui eſcoute : i'ay bien ouy ce que tu m'as dict, & auſſi l'ay
bien entendu. Et ce que ie ſuis penſant maintenant, c'eſt
que ie ſonge aux architraues du temple de Diana en Ephe-
ſe, qui deuroyent eſtre mout grandes, puis que les colonnes ont ſoixante pieds de hauteur. T A M P E S O. Elles
ne ſcauroiét eſtre ſinon grádes, pource que leurs entrecolonnes, ſelon qu'eſcrit Vitruue, ſont des trois groſſeurs de
colonnes. Et preſtement le peux ſçauoir, ſi tu ſçais compter. P I C A R D. A c'eſt tresbien dict, ie le vay donc-

ques faire, pour te monstrer que i'ay entédu tes enseigne-
mens. T A M P E S O. Fais doncques, & ie t'escouteray.
P I C A R D. Deux choses sont requises pour sçauoir la
quantité des architraues. Premier faut sçauoir la quantité
de la colonne qui soustient icelle architraue, & l'entrecolonne
lonne qui y est. Or est il que si les colonnes du temple de
Diana ont 60 pieds de haut, les plants ou diamettres d'icelles sont quasi sept pieds: pource ie multiplie sept par huict
& demy, cinquante neuf & demy: puis les trois grosseurs,
que retiennent les entrecolonnes, montent vingt & vn
pied: ausquels vingt & vn pied faut adiouster ce qu'il y a
d'vn coing de l'architraue à l'autre sur les chapiteaux, qui
est d'vne grosseur de colonne de chacune part montât autres sept pieds. Ainsi toute la largeur de l'architaue contiét
vingthuict pieds. Et à cause que la hauteur de ladite architraue doibt auoir la neufiesme partie du haut de la colonne, seló qu'il appert par la table des reigles deuant posées,
il s'ensuit que telle neufiesme partie sont six pieds deux
tiers, que doibt contenir en hauteur ladicte architraue. En
outre l'espesseur d'enhaut contient sept pieds, car c'est la
longueur, que la colonne doibt auoir. Et pour la partie basse elle a six pieds, & enuiró vn cinqiesme, qui est le diametre de la gorge de la colóne. Doncques par les reigles des-
susdictes, faictes sur les restrellissemens des colonnes, la colonne de 60. pieds à 7. pieds pour le diametre. Si ie diuise
en 17. parties ledict diametre de la colonne, qui est longue
de 60. pieds, ie prens pour la gorge 15. dixseptiesmes qui ra-
menées à raison des pieds, font six pieds & trois dixseptiesmes du pied, qui valent quasi six pieds & vn cinqiesme du

pied:qui me faict dire que les architraues du téple de Diana en Éphese ont chacune de largeur 28. pieds,& de hauteur six pieds deux tiers,& par la partie basse tiennent d'espesseur cinq pieds vn cinquiesme,& par la partie haute sept
pied$Voyla ce que i'ay aprins en oyant ta discipline. Mais
i'ay grand peur que ne soye loing de mon compte, pource
qu'il ne me séble possible qu'on eust sceu monter si grandes pieces sur colonnes tant haultes. TAMPESO. Tu
m'as donné mout de plaisir auec la calculatió qui est si seu-
remét faite, qu'il n'y a que redarguer. Et si m'as aduisé d'v-
ne consideration qui est grande,à scauoir de la magnitude
desdictes architraues & colonnes. Toutesfois il n'y a pas
grand merueille,qui aduisera les anciennes escriptures, disans que pour móter & asseoir lesdictes architraues sur les
colonnes , l'on fist de grandes montaignes d'arene & sablon,voire de telle hauteur, qu'elles surpassoiét la hauteur
des colónes.Puis aprés esleuoient manuellemét auec grás
engins lesdictes architraues, & par ainsi les esleuoient sur
leurs colonnes & sieges. Ce faict, ils ostoient,petit à petit,
le sablon,lequel en soy diminuant laissoit posser lesdictes
architraues sur leur siege: qui est la maniere par laquelle
lon monta si grandes machines en leurs lieux. Et dient encor que l'architecteur nommé Ctesiphó,qui presidoit audict edifice, y perdit vn œil, pource que la plus grande architraue de toutes celles qu'il auoit mis au portail, se de-
stourna de son siege , & ne peut iamais depuis estre resti-
tuée, à cause qu'il n'y auoit remede, aprés qu'on auoit fait
poser lesdictes architraues sur les colonnes. Et certes il faut
bien dire qu'elles estoient bien pesantes, car à compter vn
                                                    quintal

quintal pour pied quarré en pierre, trouueras que chacune
defdictes architraues poife plus de mil trois cens quintaux.
Et celles des portaulx encore plus, veu qu'elles eſtoient
beaucoup plus grandes. PICARD. Puis que ledict temple
eſtoit de telle excelléce & haulteur, qu'on auoit mis trois
cens ans à le cóſtruire, comment peult on trouuer maniere
d'y metre le feu? TAMPESO. La matiere du tect & du feſte,
eſtoit de çedre, ſelon que dit Pline: & en y auoit tât grande
quantité, que des qu'elle fut eſpriſe de feu, elle cauſa con-
ſumption & calcinatió de la pierre & colonnes, eſtans deſſoubs, en ſorte que de preſét il n'y a demeuré marque pour
memoire, ny enſeigne quelconque de tant noble edifice.

De la ſeconde piece qui s'appelle frize.　Chap. 17

Vr ladicte architraue les anciens cóſtitue-
rent vne piece, qu'ils appellerét zophoro,
que maintenât l'ó dit frize : en laquelle ils
tailloient medalles, fueillages, epigrámes,
& autres diuers œuures, dótils enrichiſſoiét
telle piece & encor ſe formoit plus eſpeſſe
que l'architraue d'vne quarte partie : à cauſe que quád elle
n'eſtoit pas ouurée, l'on la faiſoit plus eſtroicte que ladicte
architraue d'vne quarte partie, & luy dónoient la moſlure
de ſon front d'vne ſeptieſme partie d'eſpeſſeur, ſelon que
ceſte figure le monſtre.

Les architecteurs antiques differoient de mettre ouura-

L

ge és frizes Doriques, pour ce qu'il leur sembloit difficile de garder les códitions, qui appartiennét à leurs distributions de nombre, & proportions. P I C A R D. De quelle façon estoiét ces ouurages, ou tu dis estre si grand trauail de mesure? T A M P E S O. Voicy comment les architecteurs Grecs, auát l'inuentió de frizes, couuroiét la fente des coppes, estás en la piece, qui est entre la cornixe & l'architraue, ou ils mettoient vne tablette deuant coppée au iuste, & en chacune formoient trois tringles, qui descendoiét du haut en bas : puis encore en chascune faisoient vne graueure, qu'ils emplissoient de certaine cire mistionnée de couleur, en sorte qu'ils sembloient estre paincture. Et nommoyent telles tablettes triglisse, qui vault autant à dire comme trespeincte, à cause desdictes trois bendes peinctes. Et ce qui estoit entre tringle, & tringle s'appelloit opa: & la tablette qui estoit entre deux triglisses, s'appelloit metopa, ou si tu veux, tablettes: lesqlles tablettes ou metopes doibuét estre egalles, & auoir chacune autát de lógueur que de largeur.

En icelles se faisoient signets, & vaisseaux de diuerses ma-

nieres, & vieilles teftes de beuf,& autres chofes conuenantes aux cerimonies de leurs facrifices. Depuis quand les
Grecs furét accouftumez à mettre frizes fur les architraues,
ils remirent en icelles les triglifles & metopes auec leurs
ouurages, comme au premier ils en vfoient. Et taillerent
l’architraue au droict de chacun triglifle vne reiglette, en
laquelle pendoient & colloient trois gouttes refpondan-
tes au trois bendes ou tringles du triglifle. Ces gouttes auec
leurs reiglettes auoient la fixiefme partie de la largeur de
l’architraue. Tout le trauail & forme de laquelle frize confifte en compaffant iceulx triglifles & metopes. A fçauoir
les metopes quarrées & triglifles, qu’ils ne foient chacun
moins large que la tierce partie de la metope : & les deux
opa qui font le triglifle entier, ne foient plus larges que la
moitié de ladicte metope, & en icelle maniere compaffez,
& repartis, en façon que les triglifles cheoient toufiours fur
les colonnes, & non les metopes: car autrement l’ouurier
pourroit eftre reprins de grand erreur. PICARD. Quelle
reigle pourroit lon donner à telles frizes à fin qu’elles ne
fuffent de fi grand trauail? Car ie defire bien à caufe de leur
antiquité, qu’elles foient rapportées en vfage. TAM-
PESO. Pour le fçauoir traffer, il fault obferuer ce qui
fenfuit. Signes deux poincts en la frize au droict des deux
colonnes, furquoy eft affife l’architraue: & ouure le compas de telle quantité, qu’eft la fixiefme partie de la largeur
de la frize, non comprins fa moflure: & fais le long de ladicte frize & entre lefdicts deux poincts plufieurs telles ef-
paces pour remplir telle longueur, c’eft à fçauoir. ou 16, ou
24, ou 32, ou 40, ou 48, & plus s’il en eft befoing, en taifant

toufiours augmenta tion de huict,felon que font les nombres efcripts e n la table prefente. Et fi la longueur d'icelle
frize ne s'accordoit à telles diuifions,

T	16
M	24
T	32
M	40
T	48
M	56
T	64
M	72
T	80
M	88

de forte qu'il y euft quelque efpace
fuperflue ou courte , prenez ce qu'il
s'en fault, & le diuifez à chacune des
diuifions ia faictes , & en donnez à
chacune vne portion , en maniere
que tout foit efgal, & fans fuperflui-
té ou defaut tu ayes le nom par luy im-
pofé. Ce faict,diftribuez lefdicts nombres des diuifions aux triglifles , &
aux metopes. A fçauoir au triglifle
deux diuifions, & à chacune metope
fix diuifions : & par ce moyen feront les metopes quarrées, & chacun
triglifle aura la tierce partie de la me-
tope. Et notez qu'à la premiere partie, & à la derniere, ne
font que demies impofitions & demy triglifle, auquel tu
doibs dóner à l'autre partie de dehors vne moytié pour les
faire entieres. Les deux triglifles refpondent toufiours &
font au plomb à l'endroict des deux colonnes, & ladicte
frize cómence auec demy metope, & finit auec demy metope. Si tu veux que les triglifles foient la moytié de la metope,prens la quarte partie de la largeur de la frize, & marques telle ouuerture de compas depuis l'vn des poincts
deffus la colóne iufques à l'autre poinct qui eft deffus l'autre colonne. Et prens des nombres tels que tu voudras, le
nombre 12. ou 18. ou 24. ou de la en augmentant par fix,

comme par la table prochainement faicte se peut veoir.
Puis de telles diuisions donneras quatre
à la metope, & à chacun trigliffe deux.
Et adiousteras deux diuisions aux poincts
qui sont dessus les colonnes, à fin de parfaire les triglisses, & les former entieres selon qu'il est dict. Or conuient il noter
qu'auec les nombres, que i'ay mis es tables faictes cy deuant, y a les lettres T,
& M, qui signifient trigliffe, & metope.
Pource aux nombres, la ou trouueras la
lettre T, doibs entendre qu'au milieu de
la frize, doibt estre trigliffe, si elle porte
ledict nombre deuant lequel est T. Et si
apres le nombre est la lettre M, ce t'est

12	T
18	M
24	T
30	M
36	T
42	M
48	T
54	M
60	T
66	M

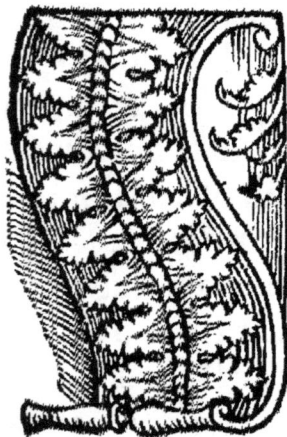

signification qu'au milieu de la frize ayant tel nombre
doibt estre la metope. Cecy se peut
assez prouuer par commencer à distribuer les triglisses, & metopes des
le milieu de la frize : car en recom-
menceant au milieu
d'icelle, tu trouue-
ras aux extremitez
que i'auray dict ve-
rité. Il y a eu depuis
quelques ouuriers,
qui ont mis au lieu du trigliffe vn rouleau, duquel la forme est icy painte. Ceste maniere de rouleau faict pour trigliff-

se doibt auoir en largeur la moitié de sa hauteur, qui est autant comme moitié de metope.

S'enfuit la tierce piece, laquelle s'appelle Cornixe.   Chap. 18.

A tierce partie de nostre entablemét est la cornixe, dont la formation est la premiere qu'auós dict. Pource que les antiques en vsoient à mettre sur les frizes, n'estoiét pas composées de tant de moslures, ains seulement de trois : à sçauoir, guelle, coronne, & dentelles. Encores n'y mettoyent ils poinct aucunesfois de gueulles, mesmemét s'il y auoit frótispice dessus, comme cy apres verrons. Lesdictes moslures ont leurs mesures, cóme celle de l'architraue en la maniere suyuante: le gradille, dont se font les dentelettes, doibt autát auoir en hauteur, cóme est la face au milieu de trois, qu'auons faict en l'architraue: & doibt auoir autant de saillie dessus la frize. En haut y doibt auoir sa moslure, qui ait la sixiesme partie de sa largeur: & de telles moslures pendét les dentilles, qui doibuent auoir chacune en hauteur deux largeurs, en sorte qu'elle soit deux fois plus haute, que large: & les troux vuides, qui sont entre lesdictes dentelures, doibuent auoir vn tiers moins, que de la largeur desdictz deux. Et pource faire, diuisez en cinq parties egalles la hauteur qu'a le gradille, non comprins la moslure : & auec le compas ainsi ouuert, fais plusieurs diuisions tout du long dudict gradille, & trasseras les dentilles. C'est à sçauoir en prenant pour largeur de chacune dent, trois diuisions, & pour lieu vuide, deux diuisiós. Et doibuent estre profonds lesdicts lieux vuides iusques à la moslure de la frize.

Ladicte danteleure represente des franges qui sont pen-
dues à ladicte cornixe. Sur lesquelles vient la coronne, qui
ne doibt pas estre moins haute que la dessusd cte face, &
tient autant de tour sur les dérilles. desquelles choses il ap-
per en ceste figure presente.

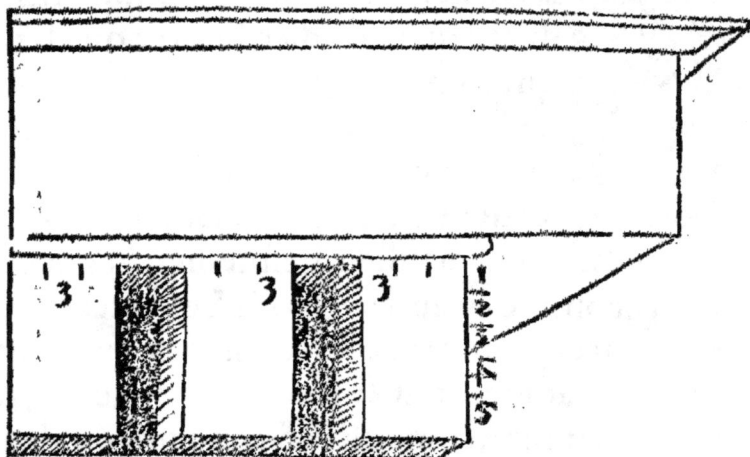

Sa moslure contient autar en haut que porte la sixiesme
partie de sa largeur. Et par le dessoubs est cauée selon qu'a-
uons dict cy deuant. Dessus ceste moslure vient vne autre
moslure qui s'appelle gueulle, laquelle se faict plus grosse
que la dessusdicte face, d'vne huictiesme partie: & auec ceste moslure est acheué l'entablement qui communement
vient sur les chapiteaux. Sur lequel on met en apres pour
closture de tout edifice vn frotispice poinctu, qui proprement est nommé par les antiques *fastigium*, qu'on pourroit en François appeller summité, chef, ou archeueure.

Il y a d'autres frontispices, ou clostures d'œuures, qui sont
ronds, lesquels toutesfois ne sont tant approuuez que les
poinctus. Pource quand tu les voudras former, il faut no-

ter que les moſlures qui viénent au droict du tympane , ou
tabourin chéent ſur les colónes, & non dehors d'icelles , en
quelque façó que ce ſoit, autremét ta beſógne ſeroit fau-
ſe. Et doibuét eſtre telles moſlures ſemblables à celle de la
cornixe, ſur laquelle on les aſſiet. PICARD. Qu'eſt ce
que tympane? TAMPESO. Tympane eſt ce que l'on dit
en François tabourin, & en architraue il eſt pour le champ,
qui eſt entre les moſlures qui ſont miſes en forme triágu-
laire ou ague, qui peut eſtre l'aire du chef rond. Il eſt de
deux manieres de chefz ronds: aucuns ne montent point
plus qu'eſt la hauteur de tout l'entablement. Et d'autres
montét autant comme eſt la tierce partie de toute l'eſten-
due de la cornixe, comme il appert par ces deux figures.

Et notez, que toutes autres, qui se pourroiét trouuer des-
rogás aux mesures dessus narrées, ne sont point d'approu-
uer, ny de celles que les antiques trouuerent iadis.

Les frontispices poinctues sont mesurées par autre maniere. parquoy deuez sçauoir, que toute cornixe, qui est dessoubs tel frótispice poinctu, n'a point de gueulle en sa moslure, selon que l'auós ia dict: & fut cómandée en omission
par les antiques affin que les ouurages & façon dudit frontispice se monstrassent mieux. Si voulurent asseoir le tympane, ou tabourin, dessus la coróne: à l'étour duquel ils faisoient les moslures, qui sont contenues en ladicte cornixe:
& puis au dessus asseoient la gueulle, cóme moslure, qui est
sur toutes souueraine. Et soit noté, que aucunes desdictes
moslures, qui viénent sur le tympane, ou tabourin, ne doiuent sortir hors de la coronne, si ce n'est ladite gueulle, ou
moslure qui sert de couuerture, estant la derniere & supre-
me en l'ouurage. Laquelle en son milieu du tympane tóbe
d'vne part, ou d'autre hors la coróne. Et au temps, qu'ils la
mirent & trasserent, ils la feirent ainsi saillir hors de la moslure basse, comme il se veoit en ceste figure.

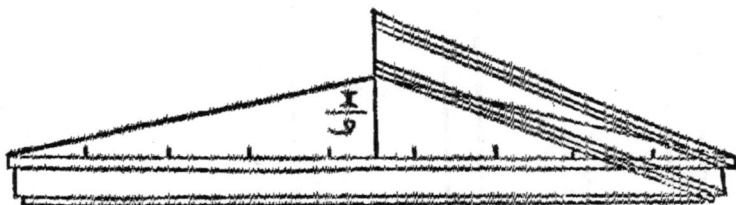

En outre gardez que la hauteur du tympane, n'ayt plus
de la neufiesme partie de la largeur de toute la coronne. Et
a esté la mesure, que les anciés ordónerét garder aux frontispices: & dessus ceste hauteur s'arreste, & adiouste la mes-
m

me mesure, que la cornixe d'embas porte, & encore d'auã-
tage la gueulle, côme deſſus auons dit. Neãtmoins les modernes luy donnent autre meſure. Car autant comme ſont
hauts l'architraue, frize, & cornixe, tout emſemble, autant
doit eſtre don-
né de hauteur
au frontiſpice,
qui ſe colloque
deſſus. iaçoit
que ceſte me-
ſure ne ſoi de
vraye perfe-
ction : car en
procedant ain-
ſi il y auroit
erreur : pour-
ce qu'on fe-
roit le fronti-
ſpice plus agu
qu'il n'eſt re-
quis.

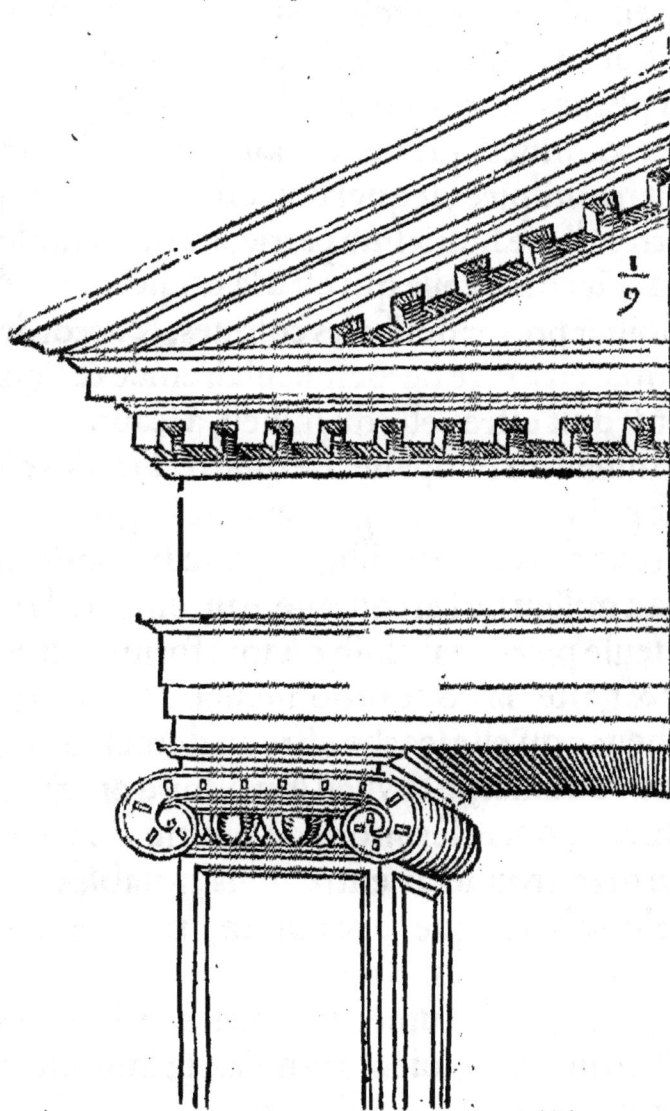

Ce qui ſe
doibt garder
en l'aſſiette de
tout fronti-
ſpice, eſt, que
le champ ou
aire du tym-
pane, remaine,

à plób la premiere face de l'architraue: & les moſlures qu
ſont deſſus,reſpondér chacune à la ligne à la moſlure de la
cornixe. Au deſſus dudiét frontiſpice,s'aſſiéét cómunemét
trois piedz d'eſtals de peanes,pour trois ſtatues,ou cádela-
bres,qui ſe mettent pour derriere ramate,& l'appellent les
Grexs *acroteria*, qui eſt à dire cóme ſouueraines hauteurs.
Leſquelles trois peanes ou cótrebaſes,s'aſſiéént, à ſçauoir,
deux ſur les deux colonnes,qui viennét au coing,& l'autre
ſur la poincte du frontiſpice, lequel doit eſtre plus grand
que les deux autres d'vne huitieſme partie,& collaterables
doiuét monter autát cóme celle qui eſt à la poincte dudiét
frontiſpice,& doiuét porter deſſus les colónes, & accorder
à icelles au plomb,c'eſt à dire perpendiculairemét & ligne
droite.Ce qu'ainſi doit eſtre celle du milieu, à ſçauoir eſtre
au plób,auec le milieu du tympane. Le quarré d'icelles cótrebaſes,ne doit point exceder la groſſeur de la gorge de
la colóne:& ſur tout dois mettre diligéce, que la pointe du
frótiſpice,chée au milieu de l'architraue.Autremét te fay à
ſçauoir,qu'vne ſeule piece mal aſſiſe,ou mal formée , ſuffit
pour difformer & gaſter la bóne ordonnance d'vn edifice,
quelque bié acheuée qu'elle ſçache eſtre au demeurát:ſur-
quoy auát que tu t'en ailles,ie te vueil introduire en quelques enſeignemens , qui te ſeruiront de bonne doctrine,
ſi peut eſtre que tu te trouueras entre gens notables , ou
que tu ayes quelque beſongne à conduire, pour aſſeoir
aux portaux,& en leurs pieces.

Le premier & principal documét eſt,que les architraues,
frizes,cornixe,& frontiſpice,ſoient formées, & auſſi aſſiſes
en telle maniere,que les plants & champs tóbent inclinez

deuant, & qu'ils ne chéent point à plomb: Car s'ils sont mis
droicts, tôbans à plomb, ils se monstreront des le bas côme
estás inclinez par derriere, & semblera qu'ils soiét appuyez
en arriere, qui causeroit grande defformité aux edifices.

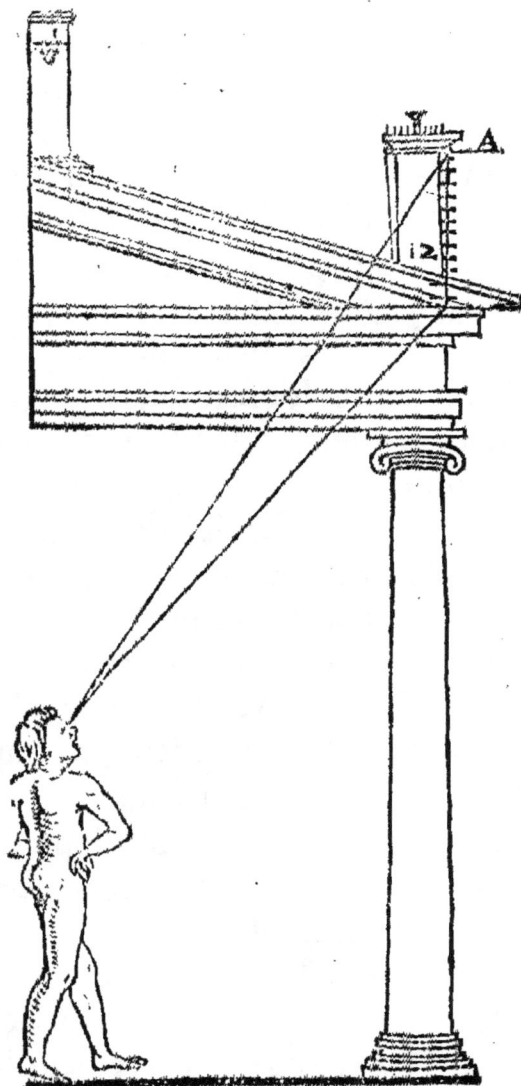

Et est la raison
que les antiques af-
signerét, pour faire
asseoir obliquemét
lesdictes pieces.
Car ils diét, que les
lignes visuales, qui
semble de l'œil, cô-
prenans quelcunes
desdictes pieces, ne
sont pas egalles. Et
à la verité la ligne
qui tôbe sur la pie-
ce, q est colloquée
en haut, est trop
plus gráde, que cel-
le qui tôbe és par-
ties plus pchaines
de l'œil: qui cause
la representatió o-
blique, en l'organe
visual. Et par ainsi
quand le front, ou
plaine d'vne piece
s'auãce contre l'œil,

les lignes viſuales en ſont plus racourcies & en rendent la
viſion plus eſgalle en iugement, que ſi elles eſtoient droi-
ctement côſtituées. La raiſon de faire incliner leſdictes pieces, fut ordonnée par leſdicts anciés, eſtre de la douzielme
partie de la haulteur qu'elle retiét, côme de la haulteur de
A, B. PICARD. Vrayement ie ſuis fort ioyeux de ces meſures, que tu m'as cy deuant declarées, & ne t'en pourroys
bonnemét recópenſer, car tu m'as gardé de faire vn grand
chemin que i'auoye entreprins de faire, pour cauſe du vouloir q̃ i'auoye, de ſçauoir de ces meſures Italiques leſquelles ſôt incogneues en ces pays d'Eſpagne, & de Fráce. Auſſi
i'auoyé entrepriſ de faire le voyage iuſques aux Itales, puis
que ce ſont les premiers inuenteurs deſdictes meſures dá-
tiques: car comme tu ſçais, elles nous ſôt fort duyſantes, &
ne nous en pouuós bonnemét paſſer: car quãd il nous faut
peindre images, ſi ſommes nous côtrains de la loger de dãs
vne maçónerie, ou autrement l'image ſeroit à deſcouuert.
Et pource doncques ſi ladicte maçónerie n'a ſa meſure raiſonnable des leurs premieres inuentions, & auſſi ſi l'image
qui eſt dedãs la maçonnerie, n'a proportion naturelle, c'eſt
grand deshonneur à l'ouurier, & eſt digne de reprehéſion:
mais puis que tu les m'as donné à entédre, ie leur pourray
donner leur meſure telle qui leur appartient, à iuger ſur ce
que tu me les as cy deuant pourtraict. Mais ie ne ſuis point
aſſouuy de ces meſures, ſi ie ne les voy auecques leurs aornemens tels qu'il leur appartient. C'eſt à ſçauoir leur difference des moſlures de l'vne à l'autre, & auſſi de leur cornixe, frize, & architraue: car tu ne les m'as point cy deuant de-
clarez, ſinon de la Dorique. TAMPESO. Vrayement ie

cognoy que ta raifon n'eft pas mauuaife : car depuis qu'on
les a veues en befongne, c'eft tant qu'on peut faire, que de
les bien cóprendre:car quand on les veut former, & qu'on
n'a point leu les liures des inuéteurs, qui les ont laiffez par
efcript,il n'eft poffible d'ordonner lefdictes colonnes,auec
leur aornemens, tels qu'il leur appartient, qu'on meffe de
l'vn auecques l'autre,comme la cornixe du Dorique, frize,
& architraue,la prédre pour Ionique,&ainfi femblablemét
des autres. Mais ie contenteray ton vouloir à cefte fois: car
ie te les vay mettre par figure, & par ainfi les pourras tu bié
comprendre. PICARD. Puis qu'il te plaift prédre tant de
peine pour moy, & que ie cognoy qu'il ne t'ennuye point,
il faut à cefte fois que ie te declare ce que i'ay fur le cueur:
lequel me cótrainct de te prier,que tu y mettes les affiettes
des colonnes, que nous appellons pied d'eftal : car tu m'as
deuát donné à entendre qu'ils ne font point obligez à mefure, finon qu'il les faut plus hautes que larges. Et auffi te
demande s'il ne faut qu'vne façon de pied d'eftal,qui ferue
à toutes colonnes. TAMPESO. Pour l'heure que les colonnes furent inuentées, on ne les auoit point affubiecties
à mefure : mais les ouuriers qui ont enfuiuy les mefures de
colonnes,ont toufiours perféueré de leur donner meilleure grace, au contentement de l'œil, & ont donné à leur
pied d'eftal telle proportion, que ie te les vay mettre par
figure, auec chacun fa colonne, bafes, chapiteaux, architraues, frizes, & cornixe: Mais ie me deporteray de leur
proportion, car ie les ay affez donné à entendre par cy
deuant.

E pied d'estal de la
Dorique, se doibt
trasser par le quarré,
& faut tirer vne ligne,
qui trauerse le quarré,
d'vn coing en autre : & s'appelle
ceste ligne diagonale : de laquelle
faut prendre la longueur, & en faire la hauteur du quarré, & se trouuera plus haut que large, sans ses
moslures : & faut faire la cornixe
de dessus de la circunference du
rond, & du coing marqué A:apres
faut remettre la hauteur de ceste
cornixe en quarré marqué B : &
de sa diagonale en faut former la
cornixe de dessoubs : car il faut
qu'elle soit plus massiue, que celle du dessus: par ainsi le pied de-
stal sera de proportion selon la
colonne.

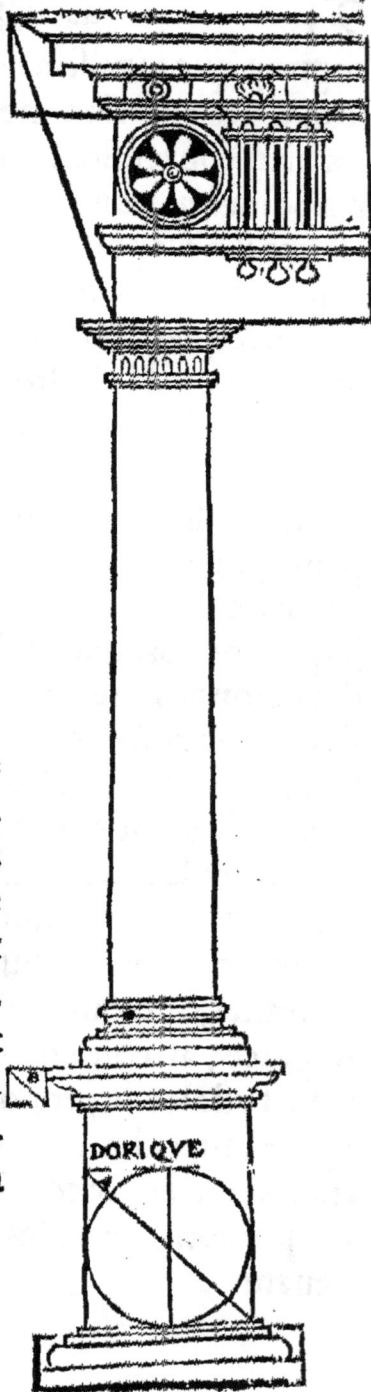

Le pied d'eſtal de la Ionique
ſe doibt traſſer par le demy cercle, auecques le cercle entier
mis à leur quarré, & faire ſes
moſlures, comme de Dorique
de la circunference du cercle,&
du coing marqué C, pour former la cornixe du deſſus, & la
mettre à ſon quarré, comme
celuy marqué D. Dont la diagonale du quarré ſeruira pour
celle du deſſoubs, & le pied de-
ſtal ſera de proportion comme
ſa colonne.

IONIVE

Le pied

Le peid d'estal de Corinthe se
doibt trasser comme celuy de Ionique. Mais luy faut donner la
moitié du diamettre du demi cercle d'auantage sur sa hauteur, &
tousiours prendre la circunfe-
rêce du cercle entier, & du coing
marqué E, pour former la cornixe du dessus : & faire comme
parauant, la retrasser en son quarré marqué F, dont la diagonale
seruira tousiours pour former la
cornixe d'embas, & sera le pied
d'estal de proportion selon la colonne.

CORIN TE

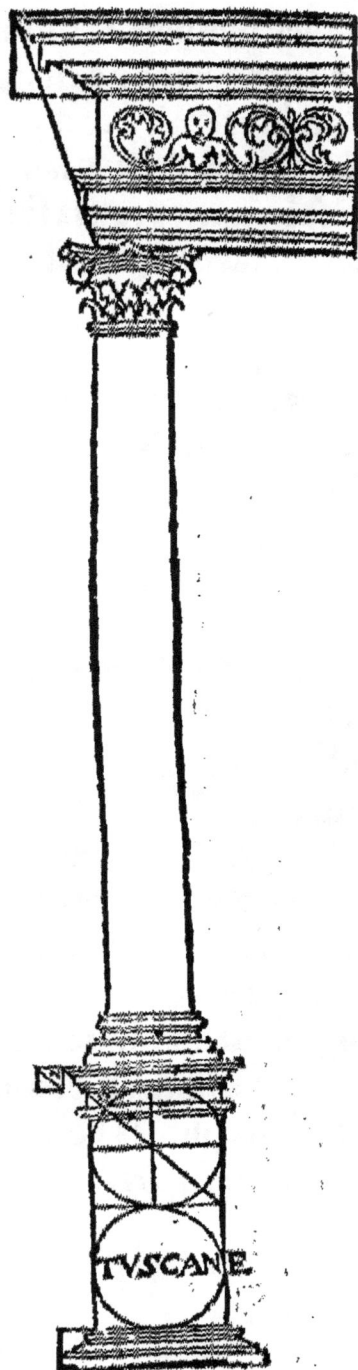

Le pied d'eſtal de Tuſcane , ſe
doit traſſer par deux quarrez en-
tiers, qui ſe mettent l'vn ſur l'autre , & touſiours enſuiure la maniere de former les moſlures de
la circunference du cercle, & du
coing marqué O , pour former la
cornixe du deſſus par la diagonale du quarré marqué N, ſert pour
former celle du deſſoubs. Et par
ainſi chacune colonne aura ſon
pied d'eſtal de proportion telle
qu'il leur appartient. P ɪ c a r d.
Mais ie te demãde s'il n'y a point
de danger, quand on veut former
vn edifice, d'y mettre telle quantité de colonnes qu'il plaira à celuy qui fait baſtir , ou à la fantaſie
de l'ouurier, qui conduict la beſongne. T a m p e s o. Tu peux
bien penſer qu'il leur faut proportion raiſonnable. Et que ſi les
colónes ont trop grande charge,
outre leur puiſſance, qu'elles ne
pourroient pas porter, & par eſpace de temps qu'il n'en vint faŭ-
te. Et auſſi faut entendre que les
moyennes colonnes ne pour-

roient pas porter si pesant faiz, que les massiues : comme
Corinthe qui est la moindre, luy donner autant de charge
que à la Dorique, ce seroit tort qu'on luy feroit, & n'y auroit point d'ordonnance à tel edifice : mais il leur faut a-
moindrir leurs charges les vnes aprés les autres, en la sorte
qu'elles se diminuent, comme tu les verras cy aprés declarées, & mises par figure.

Comme les colonnes se doiuent mettre en bastiment auec
vne petite instruction touchant les materiaux
propres pour les Edifices.

Chap. 20.

Remierement l'ordre de Dorique, qui est
la premiere, se mespartit par la ligne de
terre, qui sera de telle longueur que l'edifice qu'on veut former & esleuer. Et faut
aduiser la hauteur, qu'on veut donner
aux colonnes, & luy donner sa grosseur
de mesme selon qu'est par cy deuant dict, auec sa base &
son plinte. Et faut mespartir la ligne de terre, en autant d'es-
pace qu'il luy pourra entrer de longueur du plinte de la
colonne. Et quand on assiet les colonnes, il faut laisser quatre longueurs de son plinte, entre les deux plintes, côme tu
les peux veoir mespartis & mis cy aprés par figures.

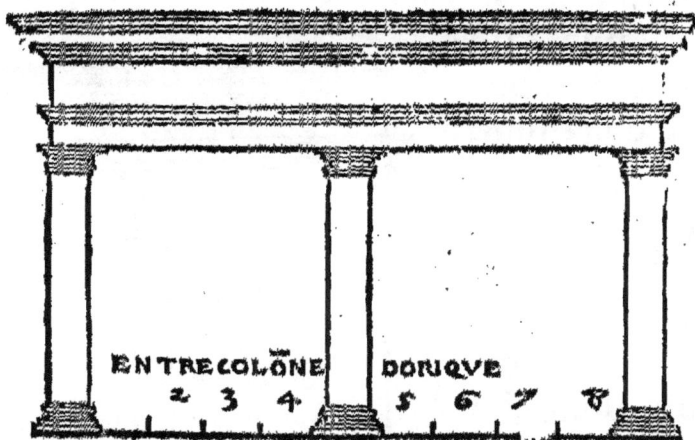

ENTRECOLONE DORIQVE
2 3 4   5 6 7 8

DORIQVE
2 3 4   5 6 7 8

Les colonnes Ioniques ſe meſpartiſſent par la ligne de terre, qui ſera de la longueur de l'edifice qu'on veut former. Et faut enſuyure la maniere de les former, comme l'ordre de Dorique : mais il ne faut laiſſer que trois longueurs du plinte de la colonne Ionique entre les deux plintes : car d'autāt qu'elle n'eſt pas ſi maſſiue, il ne luy faut pas dóner ſi grande eſpace. Et s'il y conuient faire arcs, où voultes, ſur leſdictes colonnes, il ne leur faut touſiours donner poinct plus d'eſpace, qu'aux autres, comme tu les veois cy mis par figures.

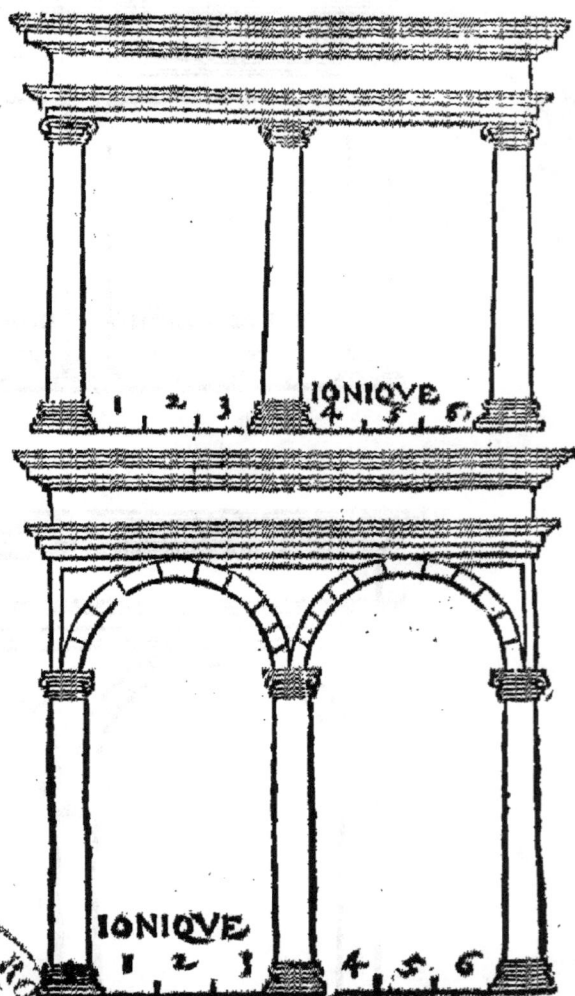

n iij

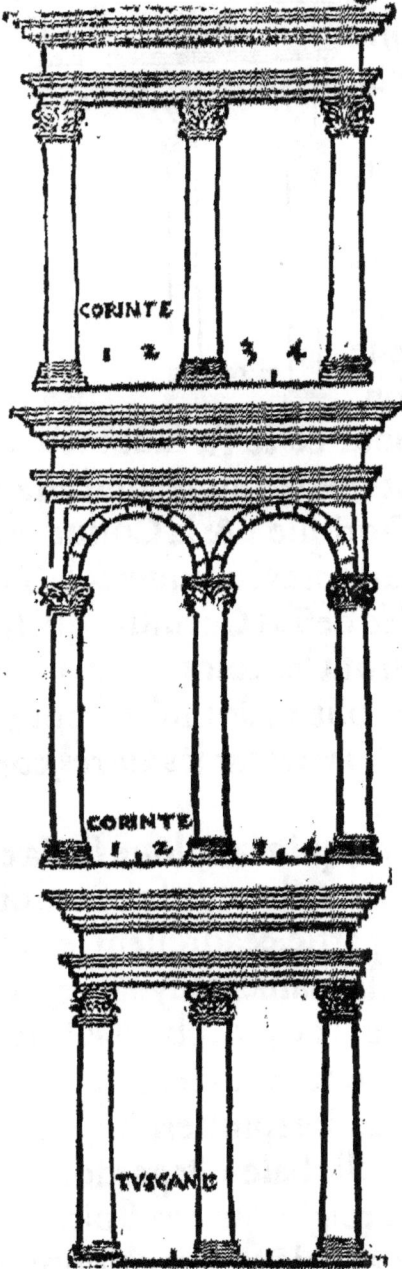

Pour mespartir la colonne Corinthe, il faut ensuiure la maniere de Dorique, & de Ionique: car elle se mespartit, & ne forme point autremét, sinon que d'autant qu'elle s'amoindrit plus que les deux autres, il ne faut laisser, que deux longueurs du plinte entre les deux plintes de la colonne, comme tu les vois cy mis par figure.

Ainsi se mespartissent les colonnes Tuscanes, comme celles par cy deuant declarées: & aussi faut ensuiure leur mode de leur donner leur grosseur, selon leur hauteur qu'elles pourroient por-

ter: & ne faut laiſſer entre les deux
plintes des colonnes qu'vne longueur & demie de leur plinte, cóme tu vois cy mis par figure.

Si tu veux faire gros baſtiment,
qu'il t'y faille mettre les quatre ordres de colonnes,il faut que tu ad-
uiſes en toy meſmes, que la Dorique eſt la plus forte,& auſſi eſt elle
la plus ſuffiſante pour faire le fon-
dement des autres colonnes: pour ce te l'a faut mettre la
premiere: & la Ionique ſe doit mettre au ſecond eſtage,
qui eſt la plus prochaine de la Dorique : & la Corinthe au
tiers eſtage,qui eſt la prochaine d'apres Ionique: & la Tuſcane eſt plus haute,qui ſera poſée deſſus Corinthe,qui fera
la fin de l'edifice. Et par ainſi ſeront les colonnes par leurs
ordres, comme les anciens les ont ordonnées, pour le
mieux, & ſe doiuent amoindrir les vnes ſur les autres,com-
me tu verras cy apres par eſcript.

Sçaches plus,qu'en tout edifice, qui a la colóne ſur la colonne, il conuient que les colonnes hautes ſoient moindres que les baſſes d'vne quarte partie,& adreſſent les antiques tous ſieges de colonnes en la maniere ſuyuante, pour
les plus droictes. C'eſt à ſçauoir apres que la baſe eſtoit aſſiſe en ſon lieu, mettoient vn plomb plus haut que la colonne,à fin quand le perpendiculaire tomberoit,qu'il vint
tout droict copper le milieu d'icelle baſe : & gardoient ce
poinct par quelque baſton ou reigle qui arreſtoit au milieu,ou la main eſtoit lors. Puis aſſeoient leur colonne ſur

ladicte base, & mettoient de rechef la corde ou pend le
plomb au haut de ladicte colonne, & au poinct qui estoit
en la reigle premier fichée : & faisoient en sorte que le milieu de ladicte colonne s'accordoit en la corde perpendiculaire, & par tel moyen dressoient leur colonne de toutes
pars, laquelle apres ils affichoient, & conformoient auec
plomb fondu en lieu de mortier, comme encore il se faict
presentement en plusieurs lieux d'Italie. Encores te conuient il sçauoir, que les entrecolonnes qui se mettent aux
portaux, & arcs triumphans, qu'on appelle autrement colonnes seulles, doiuét auoir autant de saillie hors la paroy,
comme a le plinte de sa base, qui se doibt asseoir hors de ladicte paroy d'vne quarte partie de sa grosseur, qui est du
moins quand y a plus d'vne moytié. Et de la est venu que
les contrebases, qui soustiennent lesdictes colonnes, nais-
sent de ladicte paroy, pour raison de la table qui faict ses
coings à lentour du plinte.

  A ces colonnes seulles respondent du costé de la paroy
autres colonnes quarreés, lesquelles se monstrent au plus
de la tierce partie, & du moins de la quarte partie. La hauteur de la porte que tu trasseras, doit estre double en sa largeur. Tu pourras beaucoup veoir de pareilles construc-
tions, que celles qu'auons traicté cy deuant, & mesme és
edifices antiques qui sont en Hespaigne, principalement à
Meride, ou les Romains ont edifié auec grande diligence,
& edifices mout merueilleux, qui depuis furent destruicts
par les Goths, comme encore il appert.

  Toutes les œuures que tu formeras en tes pieces, seront
fort gracieuses, & conuenantes à icelles : les tours & voul-
                                                        tes

res soient sur leur rotondité : car autrement elles desplai-
roient à l'œil. Et ne souffre que pour quelque ouurage que
ce soit, lon difforme tes pieces, ains tu doibs garder entierement leurs proportions & mesures, comme le bon ima-
geur en faisant la drapure de son image, il contregarde en
grand soing la chair, & le nud. Si te doibs garder d'auoir
telle presumption de mesler antiques auec modernes, ne
trouuer nouuelleté à trasser les ouurages d'vne piece à l'autre, en donnant aux fondemens la moslure qui appartient
aux pieces d'enhaut.   Ainsi que faict vn que tu cognois,
nommé Moi, lequel a vne fenestre, ou il a faict au pausoer
les mesmes moslures, qu'aux iambes & lintes costez.
PICARD. C'est chose mal decente. TAMPESO. Et
que dirois tu d'vn autre, qui soubs vmbre de sçauoir, forma
en ses bases les rouleaux des chapiteaux? disant que cela
luy sembloit beau, & que les antiques l'eussent faict s'ils
l'eussent sceu. D'autres y a encores qui mettent és basse-
mens les coronnes & dentilles de leurs entablemens, lesquelles moslures furent generallement ordonnées pour
les cornixes hautes. Car les moslures des embassemens,
qui se mettent à l'entour des edifices, ne veulent estre
estendues, ny de grande hauteur. PICARD. Ie ne sçay
pas beaucoup desdicts embassemens : pour ce te prie m'en
dire quelque chose. TAMPESO. Embassemens n'est
autre chose que la base & soustiennement de l'edifice, ne
plus ne moins que pied d'estal est embassemens de la colonne. Et pour ce est que la plus grande partie de ces moslures se prennent de la base de la colonne : les autres se pré-
nent des moslures de la cornixe. Les moslures dont on

composé lesdicts embassemens sont generallement nacelles, eschines, bozels, scoties, filets, & languettes. Et est
permis au bon maistre leur donner mesure, à sa volunté.
Combien que aucuns veulent, que la plus grande saillie
de moslure, soit la quarte partie de la grosseur du mur, &
qu'elle monte autant comme est ladicte grosseur, en re-
partissant lesdictes moslures à la volunté du maistre: qui
est cause que tu ne veois point tous les embassemens estre
d'vne façon. P I C A R D. l'entendray mieux ton dire, si tu m'en portraicts quelcunes. T A M P E S O. Ie t'en
mettray cy trois façons, non pas pour te donner estroi-
ctes reigles, ains pour cognoistre les differences. Mais garde diligemment que
les encaueures qui se
font esdictes moslu-

res, principalement és ſcoties, ne ſoient plus cauées que la
paroy, ou ligne ſuperficiale du mur: & que les champs qui
ſe font entre icelles moſlures, reſpondent à plomb l'vn à
l'autre. Car autrement leſdicts embaſſemens ſeroient
faulx. PICARD. Ie penſe maintenant ſçauoir tout ce qui
appartient à la beſongne manuelle de l'Architecture.
TAMPESO. Vne choſe te reſte, c'eſt à la preparatió des matieres, meſmement des pierres que les anciens ordonnerét
eſtre tirées, pour les edifices, deux ans auant que les mettre
en œuure, pour receuoir gelées, & chaleurs, affin qu'elles
ayent leur concoction, telle que par tel conroy elles trouuent durté, qui les rendra plus propres à faire ce que l'on
voudra : & auſſi pour auoir manifeſtacion des vices que
pourroient auoir telles pierres, leſquelles ne pourroient ca-
cher vne imperfection par ſi long temps : ſuyuant laquelle
ordónance tu mettras en œuure les pierres, pour auoir plus
grande durée. Et au contraire tu veois que ſouuent les edifices tombent & prennent declinatió, par eſtre mal aduer-
ty, ſur la preparation auant dicte, & par la faute (peut eſtre)
d'vne ſeule pierre. Encore vueil ie que ſçaches, qu'il faut
faire les fondemens d'vn mur ſi profonds, que toute la terre qui ſe monſtre mouuant ſoit oſtée, laquelle autrement
on appelle terremote. Et ſi le lieu n'eſt aſſez ſolide, ains ſoit
marequaſgeux, & de petite cófirmatió, en ſorte qu'on ne ſe
puiſſe fier à la ſolidité du fond de la terre: tu le pourras con-
firmer & rendre ſeur, en plantant pluſieurs paux poinctus
de vernes, ou aunes, d'oliuiers, de cheſnes, ou autres arbres,
qui durent longuement en terre : leſquels ayent pour le
moins de cinq à ſix pieds de hauts. Et pour les emplonger

en la terre, les conuiendra frapper auec gros maillets, qui
tomberont entre deux pieces de bois, ainſi que ſont les engins faicts, pour donner grandes cócuſſions. Et auec tel in-
ſtrumēt pourras mettre autāt de paux ou poinctes, qu'il te
ſera de neceſſité. Les teſtes deſquels paux, ſe doiuent entre-
laſſer auec tringles, ainſi que hayes, ou clayes bien fortes: &
y conuiendra entremeſler du charbon bien battu. Ainſi
conſtitueras les premieres pierres, auec cyment: & ſoient
touſiours les plus groſſes qu'on pourra, pour les fondemés,
auec la chaux y eſtant neceſſaire. Et ſi le lieu ou tu edifie,
eſt pour faire reſidence quotidienne: tu mettras deſſus le
charbon de la laine, bourre, & eſcorce, pour ce qu'auec ce
s'adioinct la chaux, & s'endurcit & conforme mieux, comme il ſe trouue en mout de fondemens Romains, qui e-
ſtoiēt faicts par les grans ouuriers, à fin de garder leurs edifices du trēblement de la terre, & de la terremote. PICARD.
I'ay iugement que ſur tous il conuient que la chaux ſoit
bonne, & conſéquemment le mortier: pour ce la voudroy
ie cognoiſtre. TAMPESO. Toute chaux eſt bonne qui
eſt faicte de pierre dure, & blanche. La bonne chaux doibt
peſer (quand elle eſt cuicte) vn tiers moins, qu'elle ne faiſoit
parauant. La chaux qui ſe derompt, quand on la tire du
four, n'eſt pas ſi bonne, que celle qui ſe maintient entiere:
auſſi celle qui ſonne, quand elle eſt touchée, ainſi que faict
vn pot de terre bien cuict.

   Autre ſigne de bonté eſt, quand on la mouille, elle get-
te haut exhalations, & rend des vapeurs contremont, deſquelles eſt arrouſée. Ceſte chaux eſt bonne, & ſouffre plus
de ſablon qu'vne autre. Encore faut noter que toute chaux

s'allie & ioinct mieux auec pierres qui font de fon quartier
& pierrerie,qu'à celles qui luy font eftranges & differentes
de natiuité & lignage.Et de la vient que toute pierre s'allie
mieux auec chaux qui eft de fa nation. Or ne faut il pas a-
uoir moins de foucy de l'arene & fablon qui fe mefle auec
ladicte chaux.La proportion du mortier,qui fut faicte par
les antiques eftoit, à fçauoir trois mefures d'arene de mer
ou de riuiere,& vne de chaux. Et fi l'autre eftoit cauernie-
re,c'eft à dire,prinfe en cauerne, lon luy en donnoit quatre:& quand ils vouloient faire fort tenant, & de grande
compaction,ils adiouftoient audict mortier la tierce partie
de tuille derompue,par petites fractions: & de tel mortier
font edifiez les bancs, & autres grans edifices antiques de
Rome.Et fe doibt fort remuer & peftrir,pour bien mefler
lefdites matieres.Et ne fe doibt pas incontinent mettre en
œuure,mais eft meilleur le faire par quelques iours, auant
que l'employer. Il fut iadis faict des loix & ftatutz fur l'art
de maçonnerie,& eftoient tenuz les officiers d'architecture à faire du mortier de chaux pourvendre : & fi ne deb-
uoyent vendre chaux qui ne fut faicte de trois ans du
moins.Encore auoient ils loy que le maiftre architecteur
qui prenoit charge d'vn edifice, eftoit tenu de fçauoir cal-
culer & faire declaration aux citoyens ou bourgeois de ce
que pouuoit coufter entieremét la maifon ou edifice qu'il
vouloit faire,& la matiere qu'il conuenoit auoir , à fin que
on fe pourueuft des chofes neceffaires auant que de commencer,& qu'on n'entreprint rien , finon que la puiffance
& faculté de l'edificateur pourroit fupporter.Sur ce lô prenoit par efcript le nom de l'edificateur,qui fe chargeoit de

l'edifice,& eſtoient ſes biẽs obligez,iuſques à la perfection
d'iceluy. Et s'il auoit failly à declarer la couſtange de l'œuure,& qu'on deſpẽdoit plus qu'il n'auoit taxé, il eſtoit tenu
de payer le ſurplus,ſur ſes biens,ſi la couſtange excedoit la
quarte partie de ce qu'il auoit predit,cela ſe prenoit ſur ſes
biens : & s'il auoit dit exactemement la couſtange de l'ouurage,il eſtoit ſalarié de gloire,& de dons,que luy faiſoit la
ville.

Pource quand aucun veut edifier, il doibt procurer d'a-
uoir quelque bon maiſtre,qui l'informe premier du couſt
& deſpence qu'on fera à la beſongne, & auſſi des matieres
qu'il doit amaſſer,à fin qu'on face amas de matiere, & que
le deſir qu'on a de veoir la perfection de ſon entrepriſe,
ne ſoit point retardé par defaut. & ſi faut trauailler pour
mettre beaucoup de bós ouuriers,qui en bref temps puiſ-
ſent toſt & bien ſatisfaire à ce que tu as volunté. En quoy
faiſant tu n'auras pas ſeulement delectation, mais vn grãd
honneur & grand ſoulagement pour toy & ta famille. Et
certes auec beaucoup d'ouuriers qui font diligéce, l'on ac-
croiſt tantoſt vn edifice. Il ſe lit de Dauid,& Salomon,que
quand ils voulurẽt edifier le temple de Hieruſalem, ils ap-
preſterent premier grandes ſommes d'or & d'argent , &
puis de metaux,de pierres, de boys, & autres choſes neceſ-
ſaires à edifier, de ſorte qu'il n'y defailloit rien de ce qui
eſtoit neceſſaire à telle conſtruction.

Apres ils reſcriuirent aux roys par meſſagers qu'ils en-
uoyaſſent les bons maiſtres & ouuriers, qui ſe trouuoient
en leurs royaumes:ce qui fut faict. Et quand ils furent ve-
nuz,ils encommencerent l'œuure,lequel ils parfeirent en

huict années. Autant s'en lit d'Alexandre qui en grand
nombre d'ouuriers edifia auec l'affociation du roy Tho-
mas vne cité, en l'efpace de fept iours. Nabuchodonofor
parcillemēt acheua le temple de Belus en quinze iours, &
en autres quinze iours edifia trois murailles à l'entour de
la cité de Babylone. Maints autres edifices ont efté faicts
en bref temps à l'ayde de plufieurs ouuriers què ie pour-
roye bien dire: mais ie confidere que qui beaucoup par-
le, beaucoup erre. Parquoy ie delibere tenir filence, & im-
pofer terme à ma rude parolle, affin que mes ineptitudes
ne durent plus.

Or puis que tu as attainct l'effect de ton defir, qui eftoit
de fçauoir edifier au fiecle, requiers à Dieu qu'il te doint
fçauoir edifier la haut en paradis, ainfi que feit fainct Tho-
mas pour le Roy d'Inde, felon que contient fa legende, à
fin que nous puiffions illec perdurablement rendre be-
nediction au fouuerain edificateur de la machine du monde. Qui vit & regne triumphamment en fon royaume
glorieux, bening, & mifericors, par tous les fiecles des fie-
eles. Amen.

TABLE DES CHAPITRES CONTENVZ
ENCE LIVRE D'ARCHITECTVRE
Antique de DIEGO de SAGREDO.

Fin de la Table des Chapitres contenus en ce
liure d'Architecture Antique
de DIEGO de SAGREDO.

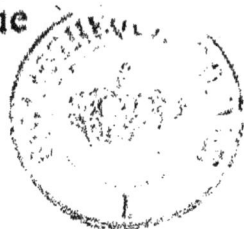